授之以渔我收网

销售组织齐心协力之道

WORK AS ONE WAY

谷荣欣 著

中国发展出版社
CHINA DEVELOPMENT PRESS

图书在版编目（CIP）数据

授之以渔我收网：销售组织齐心协力之道/谷荣欣著．—北京：
中国发展出版社，2014.6
ISBN 978 - 7 - 5177 - 0167 - 5

Ⅰ.①授… Ⅱ.①谷… Ⅲ.①企业管理—销售管理 Ⅳ.①F274

中国版本图书馆 CIP 数据核字（2014）第 100494 号

书　　　名：授之以渔我收网：销售组织齐心协力之道
著作责任者：谷荣欣
出 版 发 行：中国发展出版社
　　　　　　（北京市西城区百万庄大街 16 号 8 层　100037）
标 准 书 号：ISBN 978 - 7 - 5177 - 0167 - 5
经 　销 　者：各地新华书店
印 　刷 　者：北京昌平开拓印刷厂
开　　　本：700mm×1000mm　1/16
印　　　张：16
字　　　数：180 千字
版　　　次：2014 年 6 月第 1 版
印　　　次：2014 年 6 月第 1 次印刷
定　　　价：35.00 元

联 系 电 话：（010）68990535　68990692
购 书 热 线：（010）68990682　68990686
网 络 订 购：http：//zgfzcbs.tmall.com
网 购 电 话：（010）68990639　88333349
本 社 网 址：http：//www.develpress.com.cn
电 子 邮 件：10561295@qq.com

前　言

　　有朋友问，什么生意稳赚不赔？有朋友云：打工。

　　看似精辟，其实不然；一提到亏损和赔本，很多人首先想到的就是金钱。然而，最容易让人忽略掉的，却往往是最珍贵的——那就是时间。

　　上天非常公平，每个人一出生，便是每天 24 小时属于你自己。时间不可以抢夺别人的，也不可以压缩、不可以储存，如流水一般，今天过去，就是历史！所以，大凡有成者，便是将自己的时间分配在自己最擅长、最有价值的事业上。这就是人生的投资！

　　我们狭义的投资，就是分配货币资源；而人生的投资，就是分配你自己的人力资源——时间！就企业而言，很多老板把自己看作投资者，而员工就是打工的。事实上，每一个人都是投资者。老板投入的是自己的人力资源，和过去的人力资源换来的货币资源；员工投入的是自己的人力资源。所以，我们都应该彼此尊重，老板不应让员工有打工心态，员工自己亦不应抱着打工心态。我们都应对自己负责，对自己的时间负责，对自己的人生负责！

　　因此，作为读者的您，我们非常重视您的宝贵时间！力求在您花不菲的时间阅读本书时，能够给您带来更多的价值，能够为您解决实际工作中的问题。

如果您曾经也遇到过这些问题，并且很有效地解决并和我们有所共鸣，我们非常乐意在下一版中，与您一起分享给众多其他的读者，你也可将宝贵的时间用来将此理念去传播和帮助别人。如果您或多或少都受到以下问题的困扰和影响，您和您的企业、组织还存在或这或那的问题，那么，希望我们的经验和答案，能够对您有所帮助。

以下问题针对全局负责人

- 您目前的生意模式是怎样的？是否清楚客户在哪里？对他们是否够了解？能够看到 3~5 年以后目前的业务前景吗？

- 您的核心竞争力是什么？竞争对手在哪？是否足够知己知彼？

- 您对您的团队满意吗？您的核心团队是否和企业的使命目标方向一致？能够充分地发挥每个人的所长吗？他们的工作质量怎么样？个人成长又如何呢？

- 作为管理者，您是否能够很好地组织人手，明确分工，领导工作，达到目标？您足够了解下属的绝对优势、比较优势，并且充分地让他们发挥并做最擅长的事吗？

- 沟通是管理的基本手段，您的企业是否能做到信息对称，沟通顺畅？

以下问题针对销售管理者

- 您的团队销售业绩怎么样？最好的员工和最差的员工每年各能够做多少呢？他们的差距在哪里？您对他们有多

大提升空间的期望值？

- 您是否为销售离职导致客户和项目信息流失头疼？每年因为这个情况带来的损失有多少？

- 经营多年，您是否清楚地知道所有的客户？以及他们过去和我们的往来记录？重复采购多吗？是否清楚了解边际利润？

- 您的销售够勤奋吗？每天打的电话、拜访的客户数量效果是否让你满意？他们的工作足够有效吗？你如何真实客观地考核员工工作量和效果？

- 您计算过花在销售团队每个人身上的管理时间和其他成本吗？目前的投入产出比合理吗？

以下问题针对销售人员技能

- 您的企业员工培训做得怎么样，重视程度如何？如果花同样的钱，您是更愿意自己去听一堂总裁课，还是让几个基层销售去提高销售技能？您是否担心投资在员工身上的培训成本因为人员流失而浪费？

- 您的一线销售管理者对销售人员工作的指导和培训足够吗？产品知识、行业知识以及客户知识熟练甚至精通吗？销售技能的训练如何？

- 无论是知识还是技能，培训过的员工都有考核吗？销售技能的考核有客观真实的标准吗？如果考核不过关的，您会允许他们去拜访客户开展销售吗？

以下问题针对销售团队建设

- 您的企业有一套很完善的员工招聘、入职、转正的流程吗？如果有用人计划，一般新人能够在多长时间内到岗？

- 您是否头疼优秀的销售招不到，能干的销售留不住？
- 您招聘销售人员时，能够通过应聘者的行为在短期内充分了解他（她）们的态度和技能吗？
- 员工在试用期内的流失率如何？员工合同到期后的续约率是怎么样的呢？
- 新人上班第一天的中午，直接主管是否会请新员工共进午餐呢？

导读

- 如果您是负责人，建议可从领导管理篇读起，有助于我们的思想沟通和达成一些共识。
- 如果您是一名销售人员，或者对销售技能提升感兴趣，可直接从第二部分"销售应用篇"读起。

谷荣欣

2014 年 3 月 20 日

目 录

领导管理篇

销售应用篇

领导管理篇

本篇主要沟通一些领导力管理的理念和看法，以及一些可能的误区和解决的办法。

引　言

一位兄长也是我多年的良师益友，曾经就任某知名软件外企中国区的 CEO，在销售管理咨询方面，造诣颇深。一次旁听他说到学习的讲课，我们成年人在学习一门外语时，往往非常困难，总是进展缓慢，而小孩却总是进步神速，事实上很多方面的事情都是孩提的时候学起来容易，而越是成年越是困难，为什么？

归结起来，是因为孩子什么都不懂，你说一句，他学一句，完全照说照做；而成年人学习外语，总是想起母语；做其他事情也总会想想之前自己的经验，抱着怀疑的态度，这样又怎么能够学进去呢？这就是佛家说的"贪嗔痴慢疑"的疑。解决的办法，说起来简单，做起来其实也不难，就是佛说的"布施"——放下。大部分人一听到布施就想着施舍钱财，这不难；真正难的，是法布施。放下自己过去的经验方法，拿通俗的话来说，就是不要路径依赖，因为人的本性都是懒的，对于自己的成功经验是非常依赖和信任的，孰不知，条条大路通罗马，越是博大的人，内心愈是谦逊，"空杯心态"就是先倒空自己，全面地了解别人的成功经验，再总结升华，能把别人的本事都学来并变成自己的，你本事才是真大呢！

说起别人的本事，正好想起看的电视剧《陈云》，其中说到陈云关于如何实事求是的方法就是十五字真经："不唯上、不唯书、只唯实，交换、比较、反复"。不唯上、不唯书、只唯实很好理解，上级是人，书本也是人写的，是人就难免有错误。当然，不唯上不唯书并不是说上级的话就不听了，书就不读了。而如何做到只唯实呢？

陈云的方法是交换、比较、反复。

交换，就是互相交换意见，交换见解，交换看法。因为人们看待事物常常是片面的，就像一个杯子，你看到的一面有花，而我看到的一面有字，我们只有通过交换自己的所见才能得出杯子比较真实的全貌。而人、事物的复杂性则远远超过一个杯子，我们也更容易犯片面和偏见的错误。那么更需要从各个角度上上下下地与他人充分交换意见，才能够全面客观真实。

比较，就是上下左右进行比较。不但和现在的自我比较，也要和过去的自我比较。对他人对事物也要充分全面地做横向和纵向的比较。横向的是与周边的同行甚至与全世界的比，纵向的则是与历史和过去比。我们很多人能够做到和同期的对比，但是和历史相比则经常做得不足，而古语早就有"以史为鉴，可知兴替"的真知灼见。这个比较的过程，可以说多做是有益无害的，尤其是在方向性的决定之前，全面充分的比较是必不可少的。

反复，就是这些工作不是一劳永逸的，要周而复始地做。因为世界每天都在变化，人每时每刻都会新陈代谢，生老病死，生生不息。饭反复吃，工作也要反复做。

实事求是，是本书作者及所在企业的座右铭！本书中的内容，都是作者通过亲身实践长期学习和总结的，包括书名都是反复和朋友们交换、比较、调研的结果。即便如此，作者还是希望您能够不唯书只唯实。我们共同交换彼此的理念、看法和方法，反复比较，找出真正有价值的东西！

本书定位于创业者、经营管理者、团队领导和上进的销售人员，这是一本关于学习销售方法的书，授之以鱼不如授之以渔；这是一本探讨销售管理，谋求组织齐心协力之道的书，读者应该多是撒网捕鱼的人，我们就说说收网的事！因此，各位读者请先不忙评论和判断，可以先结合自己的经验，反复比较，我们也非常欢迎您与我们交换您的经验，经得住实践检验的，方是真经！

第一章 一些原则、定律和概念

原则就是那些经过长期检验而形成的必须遵循的基本法则和标准，定律就是那些在一定条件下的必然规律。企业的经营，组织的管理，一定有其标准和规律可循，尊重标准、顺应规律，才是科学的发展和经营之道。

本篇的前半部分将会分享一些理论性的理念、原则和概念，后半部分将会用案例与大家一起进行比较和交换一些管理方法。

领导原则（狮子定律）

西方俗语"一头绵羊带领的一群狮子，敌不过一头狮子带领的一群绵羊"，中国也有古话说"兵熊熊一个，将熊熊一窝"。意思都一样，就是一个组织的成败往往取决于组织的领导。不知是否有些老板、团队的头，在失败以后都将原因归结为外部的客观和内部的下属不力等原因。这些，都是不唯实的表现。那么什么是领导的首要任务呢？

以前我犯了一个常识性错误，将组织和队伍建设列为了首要任务。而领导真正的首要任务，就是为组织指明方向、制定目标！

制定目标的原则是实事求是！

任何组织的存在都是有目的的。从一个旅行团这样的以旅游为目的的组织，到政党这样以政治使命为目的的组织。我们把短期的称为目的，中期的称为目标，长期的称为使命。

很显然，企业组织至少要有目标，最好要有使命，才具备长期存在和发展的基础。如果只是着眼于眼前的目的，目的达到，组织就解散，像旅行团一样，不存在高深复杂的管理，只需要导好游，管好"吃喝拉撒住行花"就好。

而为组织制定长期的目标和使命，则是组织领导人的首要任务和职责。我们经常看到"选择比努力更重要"这样的口号，意思也就是做对的事，选择对的方向。任何组织的创始人事实上都有这样一个过程。先决定要做什么事业，然后开始寻找志同道合之人。这是个"先事后人"的过程！（这里与很多教科书的"先人后事"相左，请独立思考）

在投资大师巴菲特的投资原则中，有一条和企业组织的领导者是一致的，那就是"宁要模糊的对，不要精确的错"。那么究竟什么是这个"对"呢？

很显然，脱离开具体的现实情况上升到哲学层面，对错无从谈起。有的事情你做对，他做就不对；有的事情彼时做对，此时做就不对；有的事情顺时做对，逆时做就不对；还有的事情在彼国对，在此国就不对。比如交通规则左右行驶，比如因为宗教习惯导致的一些行为，反之亦然。

企业层面的所谓对错更多地体现在行业的选择上，而中国还有句古话，叫"三百六十行，行行出状元"！也就是说，任何行业都有成功者！

从这个角度，我们首先要看的是合适的人！

什么事情是对的呢？

简言之，就是合适的人，在合适的时间，合适的地点，因合适的原因，与合适的伙伴，用合适的方法，做合适的事！也就是天时地利人和都有时，就容易成功！而一个优秀的厨师，在股市疯狂的高点，只是看到别人赚钱的诱惑，受到业余股评家的指导，还用巨额杠杆融资的方法做多某个快破产退市企业的股票，很显然会得到惨痛的结果！

现实中，很多人在选择做什么职业，进入什么行业，创立什么事业时，并没有客观地对自己进行充分的比较。就眼下某些舆论导向宣传的大学生创业潮而言，对于很多盲目追求所谓的成功，我并不赞许。当然，失败本身对人对社会都并不意味着是坏事。正是因为有无数失败者的教训，才更体现少数成功者的经验之可贵。比如当年毛泽东，能够在会师长沙失败后，及时地总结，充分地进行了敌我力量对比和优势比较之后，毅然率领队伍走上井冈山，走上了武装割据根据地建设和与打游击战结合的农村包围城市的正确方向。

放在企业经营，作为企业领导者的您，只要有足够的行业经验，这个行业有足够的需求和市场空间，再充分地知己知彼考虑竞争者，把握好任何行业都会经历的潮涨潮落，就是个称职的"船长"。

不论是创立企业还是从事某个行业，一般来说，做自己最擅长的并能够创造价值的事，多半都是对的！

所谓擅长，就是你可以轻轻松松比成千上万的人做得更好更精通的事。这个社会如果能够让更多的人做自己擅长的事，做对的事，其幸福社会的潜在效益将是巨大的。

选"对"了方向，确定了要做什么事业，接下来就是要找对人了。可以说，企业的领导者在确定了方向后的重要任务，就是组织和队伍的建设。"找对人"的方法，我们将在后面的管理章节中详细沟通。而此时，我们还是把焦点放在作为领导者角色的人身上。

在企业的组织中，老板、团队领导往往充当的就是教练的角色。我们在确定了目标后的首要任务就是组建团队。我们每个教练，都想要招聘到 A 级的队员。可是，我们有没有想想，A 级的队员，会选择什么样的教练呢？我们自己如果就是 B 级的教练，恐怕也只能找到 B 级、C 级的队员罢。所以，我们应该经常反省，我们自己是否是 A 级的教练。或者你自己如何提高，努力成为 A 级的教练。您是否对自我的领导水平有正确的认知？让我们首先给自己的领导水平按照 5 分制打个分，您可以就记在书的页边，我们在后面沟通了我们的标准后，再回过头来进行个比较如何？

好的团队领导，是有共性的。我们经过总结，发现他们大多具有远大的目标、勇于承担责任、善于学习、视野开阔、信念坚定。在这里，我们尤其要强调的是好领导在有着远大的目标同时，非常重视微管理，也就是重视细节。"天下大事，必做于细"！这点是很多人容易忽略的。

重视细节

我们很多领导，经常都说，自己定下大的方向，剩下的事交给下面的人做就是了。然后，细节不过问，过程不监督，美其名曰"用人不疑、疑人不用"，最后在没有得到理想的结果时，就是一句话搪塞——下面的人办事不利。

事实上，人是我们领导自己选的，工作是我们领导分配的，有什么理由说坏的结果不由领导承担而埋怨下属呢？

究其原因，我们很多领导、老板往往中了单纯"结果导向"的"毒招"，忽略了过程控制。我们是要用人不疑，但是我们对每个具体的事件还是要多问些为什么。

让我们看看以下这段文字吧。

> 地方武装有赤卫队和工农暴动队……赤卫队的武器主要是五响枪，也有九响和单响枪。各县枪数：宁冈百四十，永新二百二十，莲花四十三，茶陵五十，酃县九十，遂川一百三十，万安十，共六百八十三。大部是红军发给的，小部是自己从敌人夺取的。各县赤卫队大都经常地和豪绅的保安队、挨户团作战，战斗力日益增强。马日事变以前，各县有农民自卫军。枪数：攸县三百，茶陵三百，酃县六十，遂川五十，永新八十，莲花六十，宁冈（袁文才部）六十，井冈山（王佐部）六十，共九百七十。马日事变后，除袁、王两部无损失外，仅遂川保存六枝，莲花保存一枝，……在不降低红军战斗力的条件之下，必须尽量帮助人民武装起来。我们已经规定红军每营用四连制，每连步枪七十五枝，加上特务连，机关枪连，迫击炮连，团部和三个营部，每团有步枪一千零七十五枝。

相信熟悉的读者能够看出这段文字的由来了。是的，这是毛泽东在 1928 年 11 月 25 日写给中共中央的报告《井冈山的斗争》中的文字。相信我们的领导管理者都不会觉得自己比老毛还要伟大还要忙碌吧，而毛泽东同志都能够细致入微地关心到每一枝枪和每一个士兵的伙食尾子。反观我们自己领导的管理方式呢？我们是否了解我们有多少客户？我们是否知道我们销售每天的拜访情况？我们是否清楚每周的应收应付款的变化？

延安时期给毛泽东当秘书的谢觉哉老先生在日记中也记载到，最大的体会就是毛主席工作时的细致入微。"比如起草一个会议通知，毛主席提出，通知要写得细，细到喝水的茶缸、碗、筷等物品是否需要自带，都要写清楚。"

而时下我们很多老板和领导的粗放甚至放羊式的管理，我们就不在此评价了。

其实，我们只需要一种态度——认真负责！

自我总结

如果您是领导和管理者，您认为自己够认真负责吗？

您认为自己是 A 级的教练吗？

请就您的企业注重细节举个例子。

销售原则（枪杆子定律）

"兵者，国之大事，死生之地，存亡之道，不可不察也。"翻开《孙子兵法》，这就是孙武写下的第一句话。

商业市场竞争之对于企业、组织之间的关系，就犹如军事斗争之对国家、组织之间的关系。同理，我们可以说"销售者，企业之大事，死生之地，存亡之道，不可不察也。"

　　"枪杆子里面出政权"就是这个道理。可以绝对地说，没有"销售能力"（枪杆子）的企业在市场上是没有竞争力的。

　　从这个角度讲，任何企业组织，都应将销售摆在最重要的位置。事实上，我们很多中小企业从一开始，老板是大销售是很正常的事。

　　然而，摆在我们面前的，就是很多中小企业除了老板这个大销售，整个销售团队则从建设到管理处处皆是问题。很多销售团队都无法做到成为一支有战斗力的统一强大的队伍，而更多的是呈散兵游勇的"土匪"状态。我们很多老板经常感慨，自己是个大打工的，养活整个公司。要知道，中国的古话"双拳难敌四手"，盖世武功如吕布之流，仍是匹夫之勇。这种状况的企业是难以长久发展的！

　　究其原因，是我们现在的老板领导者，大部分是草根创业，并没有受过专门的商业教育，虽然我们也通过自我学习，总结经验和教训，但是离专业的销售管理和商业战争的章法还相去甚远。并且，80%的老板和领导并不知道如何招聘员工、组建团队，如何培养管理者和训练队伍，如何进行销售团队的日常管理，以及如何通过组织行为留下有用之才。

　　反观目前中国的现状，市场经济大潮下，人人皆以赚钱为首要目标，孰不知，赚钱是手段，钱应该为人所用，而不是人为钱所制。

　　而销售的从业人员，既不职业也不专业，对销售工作的职业认识清醒客观者更是寥寥。更有甚者，有些打着"成功学"的幌子鼓吹"没有卖不出去的产品，只有卖不出去产品的销售"，像打了鸡血一样令很多销售误入歧途，为达目的不择手段。这里，我们正式提出几个问题。

- 销售工作的内涵是什么？
- 销售工作应如何去做？
- 销售人员和销售团队领导需要什么样的态度？
- 销售的基本技能有哪些？管理者建立客观真实的标准判断下属的能力范围？
- 如何建设、领导和管理销售团队？

我们的老板、领导们要想赢得未来的商业战争，我们如何了解我们的战场？我们如何建立我们的"销售铁军"？我们是否掌握了成功销售的方程式来解决我们面临的问题？

- 你是否对目前的生意模式非常清楚？是否清楚客户在哪里？对他们是否够了解？能够看到 3～5 年以后目前的业务前景吗？
- 你的核心竞争力是什么？你的竞争对手在哪？是否足够知己知彼？
- 经营多年，你清楚的知道所有的客户的往来记录吗？重复采购多吗？什么叫边际利润、机会成本、比较优势？什么是绝对优势和比较优势？你清楚自己的比较优势吗？
- 你是否头疼好销售招不到，能干的销售留不住？你认为好销售的标准是什么？
- 你是否为销售离职导致的客户和项目信息流失头疼？
- 你的销售够勤奋吗？每天打的电话、拜访的客户数量效果是否让你满意？
- 你的团队够专业吗？他们能清楚执行指令吗？什么叫开

放式和封闭式提问？销售汇报工作你满意吗？

- 你的销售队伍有正确的指导吗？销售是带出来的还是学出来的？

- 你认为成功销售有方程式吗？

如果以上问题很多你回答不出或者存在，那么说明我们在目前的市场竞争状态下随时面临着巨大的被消灭的风险！说明我们亟待解决企业的目标、销售团队的建设和管理问题，说明我们亟须进行我们自己企业的客户根据地建设……

请注意以下概念：供求关系、机会成本、比较优势、边际效益、5W1H、开放式提问、封闭式提问、SWOT分析、销售流程定义等。

自我总结

您是否重视企业的销售工作？具体的措施是什么？

我们销售的是产品和服务，还是产品和服务给客户带来的价值和好处？请论述您的企业带给客户的价值和好处。从这个角度去看待其他的竞争者。

您的企业中是否在销售团队建设方面存在那些问题？您目前想到的解决办法是什么？

您是否有自己的销售人员的选、育、用、留的程序？您能够招聘到理想的销售人员吗？您认为理想的销售人员特征是什么？

您是怎么培训销售人员的？新员工和老员工有什么区别吗？您认为什么样的员工是好员工？

管理原则（整合效益定律）

有人说，最好的管理就是没有管理。我认为这样说还不如不说。大到这个地球、国家、政府组织，小到个人的时间管理，管理无处不在，无时不在。

我是做证券投资资产管理出身，按照巴菲特的说法，就是货币资源的分配。从广义的角度，我们每个人都是投资者，我们也都是管理者。

资产管理是对货币资源的组织、分配；组织管理是对人力资源的组织、分工；时间管理是对个人时间资源的统筹、分配。在这里，我无意细化什么管理和领导的区分？细述管理的职能以及概念。这些，各位读者大可去阅读众多的管理书籍，尤其是在企业管理方面，可以说是汗牛充栋。

所有的企业老板——无论企业大小——都要重视管理，包括个人的时间管理！然后，我们想探讨一下作为管理者的人，和管理者的任务与责任，以及一些管理的方式和管理中的问题。

放在个人，最起码的是个人的时间管理。对组织而言，则是对组织的领导管理，具体地说，就是管理事，领导人。我们不去刻意区分管理和领导的区别，因为每个领导个体的人，往往同时也都是管理者。领导作用主要是对具体的人，管理作用主要是对工作任务。也就是"管事理人"！

领导管理者具备 5 要素

作为领导管理者的个人，是有很高的要求和标准的。尤其是老板，对这个商业组织最后负责的人。也就是我们说的将帅！在领导原则中说过，首先我们要做 A 级的将帅，A 级的教练，那么 A 级的标准是什么呢？

孙子云：为将者，智、信、仁、勇、严。后人批注曰："智者，先见而不惑，能谋虑，通权变也；信者，号令一也；仁者，惠抚恻隐，得人心也；勇者，询义不惧，能果毅也；严者，以威严肃众心也。五者相须，缺一不可。"

可以说，这个标准可是够高的。这是典型的智勇双全、德才兼备的标准。每一条都要得 5 分的话，恐怕就是圣人伟人完人了。所以，真正卓越的领导管理者少之又少，所谓千军易得，一将难求。

事实上，在这 5 个方面每个人都会有所表现，只是优劣平衡与否各有不同。很凑巧的是，后来学习人力资源理论时，发现现代的心理学衡量人的五个维度（大五）竟然与此不谋而合。看来，几千年来人类本质没有什么变化，中外亦只是发现的先后与表述方式不同而已。

大智若"水"

智者，智慧也。字典释义为聪明、见识。孙子兵法批注为先见、不惑、谋虑、通权变。从大五的角度就是人的开放性，是否有像"水"一样的开放和包容，善于学习，与时俱进。在古时，智和知是同一个词，作为卓越的领导管理者的首要要求，就是这点，智！

无论政治军事也好，商业经济也好，医疗教育也好，每一个组织，都需要领导具备足够智慧的领导管理才能！因为没有人会愿意跟随一个愚蠢的领导者打拼。这就要求，领导管理者需要有广度有深度的知识结构，这在目前全球化的信息社会确实是个挑战，每一个领导管理者都应该有紧迫感，持之以恒不断学习和完善。

然而，个人的时间精力毕竟是有限的。"个人是历史长河中最渺小的……组织的力量、众人的力量，才是力大无穷的。人感知自己的渺小，行为才开始伟大。"任正非在《一江春水向东流》中这样写到。

可以说，缔造了伟大企业华为的任正非是个智者。知人者智，自知者明。大智者知己之愚也！

智，是对领导管理者的首要要求。然而，人非生而知之，排除先天智商缺陷的差别，拥有正常学习能力的我们，作为团队的管理者，把握着团队的方向和命脉，如何做到知人和知己呢？

除了简单的书本学习之外，我们还要向智者学，还要向普通人学，三人行必有我师，三个臭皮匠顶个诸葛亮。要实践、总结和思考，要交换、比较和反复。作为企业的管理者，除了要有丰富的行业和客户知识，还要有广博的见识。要懂方法，识技巧，保持空杯心态，要在困难面前不退缩，勇于激出自己的急智来。大智者必有大勇！

守信如"土"

信者，诚、不移也。孙子兵法批注为号令一也。从心理学的角度就是人的责任心，是否像"土"一样的坚定，尽职尽责抵挡洪水，承载四方。从带队伍的角度，这点尤其重要。每一个团队成员都会凝聚在可靠的领导旗下，言必信行必果，说话不算数和出尔反尔是每一个领导管理者的大敌。

然而，简单的相信和信仰是有不同的。你接受了一个具体的事实或答案，你即相信了。而信仰是比较抽象的。当你看不见事实和答案时，根据人类已经建立的经验和逻辑，敢于对未知坦然而无惧地信任。这更有深一层信心的意义。比如，仰望远处的山尖，你看不见上山的路，但是你坚信，一定能找到一条登山的路。而迷信则不然，未经思考，没什么理由，无逻辑可寻，没搞清楚事物的本质不知其所以然，反正就是相信，是一种盲目地崇拜，常常是随大流，人云亦云，不经深思熟虑遇事毫不考虑地顺从、接受和相信，这是相当危险的。

所以，我们既要待人以诚，守信用给人信心；又不能盲目地迷信、教条被人利用，因一个"信"字而迷失了自己的判断力，丧失了自己的智慧。而最好的守信方法，就是不要轻易承诺，除了自己无能力做到的，即便是有能力做到也应该慎思而行。夫轻诺者必寡信。

怀仁如"木"

仁者，互亲互爱也。孙子兵法批注为惠抚恻隐，得人心也。表现在具体的行为上，就是己欲立而立人，己欲达而达人，己所不欲，勿施于人。这是对他人基本的尊重和友爱。

从心理学的角度，就是人的宜人性，是否像"木"一样积累成森林，清新宜人，受人爱戴。欲受人爱戴，必先爱人，真诚地对待下属，有兄弟般的关爱，有师生般的友谊。

当然，我们要避免因对个人的"妇人之仁"而造成对整个组织的"不仁"。有时我们说"大仁不仁"就是这个道理。很多领导管理者最容易犯错误的就是体现在大仁和小义的权衡上，没有权衡好孰轻孰重。

作为企业管理者的我们，要爱护下属，关心他们。尽量创造良好的工作环境和有竞争力的薪酬待遇。支持下属的成长，分享成功的经验，这样企业才能人才辈出，事业才能生生不息。

"仁"和"信"，是我们带团队的基本指导思想。"勇"和"严"则是管理团队和组织的基本风格。

具勇如"火"

勇者，果敢、坚毅也。孙子兵法批注为询义不惧，能果毅也。从心理学的角度就是人的外倾性，是否像"火"一样坚定地燃烧，热情积极上进，坚持到最后，不放弃所有的可能，直至熄灭。

勇敢，更多的是一种精神，一种态度，一种决心。两军相逢勇者胜，没有这个态度，是很难成大事的。正如将麦当劳发扬光大的创始人雷·克洛克（Ray Kroc 1902 年 10 月 5 日 ~ 1984 年 1 月 14 日）办公室的座右铭所言："世上没有东西可以取代坚毅的地位。才干不能，才华横溢却一事无成者并不少见；天才不能，是天才却得不到赏识者屡见不鲜；教育不能，受过教育但潦倒终生者充斥世间；惟有坚毅与果敢者才能够无所不能，得到成功"。

将不勇，则三军不锐。尤其是指作为领导管理者，如果不敢迎难而上，身先士卒，历险前进，其所带领的队伍是不会有所作为的。

而将者之勇，必有智者相随。这种勇，非无知无畏的鲁莽，而是难不畏险的决断；功成而不居，失败则勇于担待。智者不惑，勇者不惧。

严者如"金"

严者，认真也。孙子兵法批注为以威严肃众心也。从心理学的角度就是人的情绪稳定性，是否像"金"属一样稳定和高标准，对人对己一致且持久。严师才出高徒，严将才出强军。士不先教，不可用也，而教必严。"……法令孰行？兵众孰强？士卒孰练？赏罚孰明？吾以此知胜负矣。"作为管理者之要，尤为赏罚严明。明赏罚，虽用众若使一人。

在这里，我们尤其要重点说一下赏罚。首先我们要分清楚主次关系，赏罚孰轻孰重。不同的情况下当然有不同的侧重点。总体而言，尤其是基层团队领导应该树立坚持奖罚结合以奖为主的思想。惩罚则是不得已而为之的办法，目的在于制止会导致团队混乱的行为。

赏罚的时机非常重要。如果恰当，事半功倍；如果不当，则起反作用。"赏不逾时，欲民速得为善之利也。罚不迁列，欲民速睹为不善之害也。"意思就是说，及时进行奖励，使人民很快可以得到做好事的益处，就地执行处罚，使人民很快看到做了坏事的害处。奖励要及时，哪怕就是一个口头的表扬和赞美。而处罚有比较明显的副作用，使用一定要慎重。但不能为了慎重而优柔寡断、贻误时机。要具体情况具体分析，审时度势。

另外，赏罚要准确地把握对象。同样的行为，同样的时间，不同的对象则情况大不相同。比如，一个团队新人和一个老员工犯同样的错误，肯定影响力是不一样的，当然处罚力度和方式也是不一样的。从这个角度，我们要从严要求管理者、干部和骨干，在制度纪律面前人人平等，不搞特殊化；奖励则重在基层和新人，不能让老实人吃亏。"罚贵大，奖贵小"。

最后，就是管理者在赏罚的度上和形式上要注意把握。很多企业管理者似乎只有金钱一种赏罚形式，可以说，手段太单一了。其实有时候一句认可、公开的表扬，比金钱对员工的价值和整个团队的价值更大。

作为企业，组织的价值观和文化是凝聚大家的基础，赏罚只是手段。严格的要求是为了整个组织的健康，严而有格，真正的认真负责，才是管理者的团队管理方针。关于严格的标准，过之则苛，不足则纵。对于管理者来说确实既是科学，也是艺术。总的来说，"低标准，严执行"比"高标准，松执行"甚至"不执行"要好。

在此，我们这么大篇幅讨论管理者的严，是因为从事商业的很多管理者，经常因为误解"和为贵，和气生财"而导致大部分商业组织不注重严格管理。这样的团队，是无法赢得未来商业战争先机的。

通过全面的了解，我们对"智信仁勇严"有了全面的认识。可以说以上的5个方面完全做好确实是很有难度的，甚至有些方面本身就是冲突的。就像我们的生辰八字，缺这儿或者旺那儿。想想看，一个严格认真总是较高标准的人，在生活中不大容易受人待见，自然宜人性不会很高。五行金克木。五行水克火。同样，一个很高智慧，善于学习甚至开悟成佛的人，势必不会逮谁烧谁，性格不会极度外倾到甚至有侵略性。

很遗憾的是，五行什么都不缺的人少有，这个世界上完人伟人圣人同样罕见。

固然，完美的个人是没有的，但优秀乃至卓越的领导管理则是可以达到的。解决的办法就是搭班子。

智慧的领导管理者要考虑一下和什么样的人搭班子，是一个和自己一样的人，还是和自己互补的人？世界上最庞大的组织就是用这样的管理方式达到目标的。《亮剑》中李云龙团长和赵刚政委一个严格地管具体事，另一个势必无论成败都协助将做事的道理说透，理顺了人，事自然就好管。

现在的心理学已经有客观真实的手段进行对于个人大五的评测。这样的评测不但是科学的，而且是稳定的。

管理者的任务

管理者的任务和责任指的是组织管理而不是个人的时间管理或对物的管理。

在第一节的领导原则中，我们讲过组织的存在是为了实现目标。小至一个旅行团这样的以短期旅游为目的的组织，大到政党这样以长期政治使命为目的的组织。

企业领导、创始人等的首要任务就是为企业组织制定短、中、长期目标，能够有长期的使命则更是求之不得的。在大方向确定的前提下，对的事明确了的前提下，我们首要的任务就是团队和组织建设。也就是找到"对"的人。比如，您要开个餐馆，您肯定要找的是优秀的厨师而不是优秀的教师。如果开的是川菜馆，那么对的人肯定是川菜专家而不是西餐高手。

相对于众多企业，管理者和销售人员的招聘、选拔则要困难复杂得多。管理和销售的技能高下，毕竟不是像厨师做菜能够立刻得到品尝而下出结论那么快捷。所以早就有"试玉终须三月烧，辨才更待七年期"的说法。

"找对人"，是有成功的方法的。每个管理者，即便运气再不佳，也或多或少会碰到自己认定的人才，那么，他们是"对"的人吗？

我们都知道，管理的存在是为了组织达成目标服务的。领导管理者是要对结果负责的。管理好坏的差别，就在于谁更有效。谁管理得好，谁的效果好，效率高；管理差的效率低，效果糟。

具体选人的首要考虑要素，就是要完成什么样的目标，做什么工作，以及达成什么样的结果。而结合这个目标和我们想要的结果，通过态度、技能两方面考虑做出选择。请注意以下选拔人才的"成功模型"。

图1

这是一个关于人力资源的"万能"公式。前面的笑脸，并不是我们要选的人，而是我们要完成的目标和要达到的结果。等式的右边，才是要达成这样的目标、得到好的结果和完成任务所需要的人的态度、技能。运气的因素是一直客观存在的，态度，也就是胜任力模型的判断，以及技能的评估，而天赋的作用也会体现在技能之中。因不同的工作要求，任务和目标各有不同。

所有管理者务必牢记，我们不是为了选人而选人，我们是为了等式右边的任务、目标和使命，而选对的人。本人曾经放到各种环境下思考过这个等式，也希望我们的管理者能够在各种环境场合下经常运用，看看是否能够举一反三，熟练掌握，直至能够融汇精通。

过去，我们经常听到类似于"选人看态度，技能靠培训"这样的"真知灼见"。但是，假设现在有一个需要狙击敌方指挥官的任务，而您手头上只有一个态度很好很忠诚，而枪法很臭的士兵，和另一个脾气很怪，没有团队精神，才投降过来的神枪手，你选择谁呢？很显然，我的选择会是做好神枪手的工作，千方百计把他的态度理顺了，让他去完成任务。

因此，对的人，就是能够完成任务，达成目标的人！

而针对不同的岗位任务、目标和使命，则需要不同的态度和技能。比如，完成一个迫在眉睫的短期任务、目标，我们首要考虑的是候选人的技能而不是态度。一个技能为零的人，态度即便是 100 分，最终的结果还是零分。而态度，是可以通过沟通在短期内改变的；技能，则不是一朝一夕能够练就的，是需要长时间积累的。

然而，对于选拔一个能够做好管理的人这样的长期目标，则态度的得分就重要得多。我们知道，没有人天生就擅长管理，管理来源于实践和经验的总结和提炼，面对不断变化的世界和组织，每个管理者的第一要务就是自我学习，不断地优化和提升。因此一个积极上进的，保持开放心态的，善于学习的候选人，在这里就难能可贵了。

在此，我们不得不再细述一下领导和管理，领导是方向性问题，是制定目标；管理是执行问题，是如何达成目标。从这个角度，领导的是人，管理的是事。

好的领导管理者，要能够把组织目标和组织中的个人目标有效地合二为一。因此，一些实现长期目标的岗位，如果候选人的个人目标通过全面的沟通不能和组织目标一致，则很有可能不是合适的人。

关于企业组织的长期使命和中短期目标的设定，确实不是简单的问题。企业的持续盈利只是能力，而不能仅仅将赚钱作为目标；这点，我认同德鲁克的说法，利润之对企业就有如空气和食品对人，很显然，我们不能说人生的意义就是为了食品和氧气；所以说企业的目标就是为了赚钱就等于是没有目标。再说得绝对点，如果为了快速得到金钱去骗、偷、抢也能实现目标，那么这个有组织犯罪的头目首先要找"对"的人，就是行骗扒窃的高手和几个亡命之徒。因此，关于企业使命的制定，企业的领导可以多参考一些成功企业的长期使命和目标的设定。

作为企业的管理者，要通过沟通的手段传达目标，让组织中所有的成员都认同目标，并愿意为之而付出最大的努力。

同时，管理者的另一个重要任务，就是要制订实现目标的计划，目标是目的地的话，计划就是路线图。制定目标要实事求是，完成计划则要认真负责！很多人不制订计划。经常说，计划赶不上变化。事实是制订的计划不完善，计划中没有包含变化。当然，制订计划是需要经验的，就像路熟的人才好规划路线图。因此，向成功者学习是最有效的手段。

实现目标、执行计划的是组织群体中的人，所以管理者的重要任务就是分工。通过分工实现劳动生产效率的大幅度提升。

这点可以在亚当·斯密的《国富论》中寻找答案，也可以在泰勒的《科学管理》中找到基本原理，就不多占篇幅赘述了。我们重点要关心的是销售管理中的分工。也就是在选对人之后，如何能够发挥不同的人之所长，让他们做对事。

现实中的中小企业销售管理，也就是最最重要的销售部队的管理中问题多多。可以说基本上属于无为的状态。招一些销售人员，简单地进行产品培训后，就等着拿业绩回来报数；最后进来 10 个销售，淘汰 9 个，剩下一个就是老板未来的竞争者。我们动脑想想，部队能这样带吗？新兵进来能讲一下枪械的使用就上战场吗？没有职业化的培训，游击队能和正规军作战吗？

"天下难事，必做于易！"

销售工作在很多人看来很难。而要把销售工作做好，就要学习对的方法，接受职业化的训练。

进行职业化的培训，要让难事变易，首要的工作就是科学的划分工作元素。也就是我们部队中常说的动作分解。整套的动作看起来很复杂，然而拆解成几十个细分的、易学的单一动作，一个一个学起来则容易得多。比如打电话时进行换位思考，首先进行确认，在电话接通后，说明自己的身份并及时询问对方"方便吗？"这是销售人员换位思考的表现，经过简单的训练，很容易养成习惯由会到熟。我们的同事，包括他们的家人，很多人即便不做销售工作都养成了良好的电话习惯。

大部分行业的销售工作，基本上可以分解为五部分，即收集信息、处理客户资料、约见拜访客户、跟进销售关单和售前售后的支持工作。

从军事的角度，我们可以把收集信息、处理客户资料的售前准备工作看作情报侦察工作；约见拜访客户和跟进销售关单的销售接洽、异议处理与促成关单等工作看作是作战工作；售前售后的支持看作后勤保障工作。对应每项工作任务都需具备相应的能力。我们很多创业者都是全才，即便略有缺失，也因为保持了高度的内驱力而自我及时地学习和完善。但是，在团队建设上，我们经常比照自己的标准去招聘，自然觉得人才难找。

事实上，我们不能用选将的标准去选兵，不能用对老板的要求去对待一个员工。而成功的经验是，我们只需要找到具备以上某些能力的人，再给予专业化的培训，让他们做得比自己更专业更好，再把他们组织起来，全面地提高效率和完成更好的绩效。并且，我们现在基本已经能够通过专业职业化的训练，让一个符合胜任力模型，也就是具备基本态度的新人，在 30 ~ 90 天以内的时间里，掌握销售 6 大范畴 28 项技能 68 个要点中八成以上，就能够熟练地面对客户，完成销售任务。

在制定了目标和规划了路线，找对人和做对事之后，管理者的任务就是要管出结果了。

在这里，我们要说一说管理者的责任和一些管理中的方式，以及现代企业管理中主要面对的问题。

可以说，不负责的管理者绝对不是称职的管理者，对待责任，不是该不该负，而是要不要负责。我们明确地强调领导原则，领导、管理者是要负责任的。因此，我们要思考一下，我们究竟花了多少时间和多少精力真正用在管理结果上。

当然，管理者也是人，对不同人的领导和不同事的管理，要具体问题具体分析，不能生搬硬套犯教条主义。同时，要客观和实事求是，做到知己知彼。对待不同的人，在不同的时期，使用的管理方式都有可能不同，要具体分析。

我们知道，成功销售的方程式 = 态度 × 技能 × 运气。运气我们控制不了，在评估一个员工的工作结果时，管理者可以从态度和能力两方面进行。

这时，我们有可能面对 4 种不同状态的员工。第一，是态度好能力强，我们称之为有心有力的员工；第二，是态度好能力不足，我们称之为有心无力的员工；第三，是态度不够好能力足够强，我们称之为有力无心的员工；最后，是态度不够好能力不够强，我们称之为无心无力的员工。

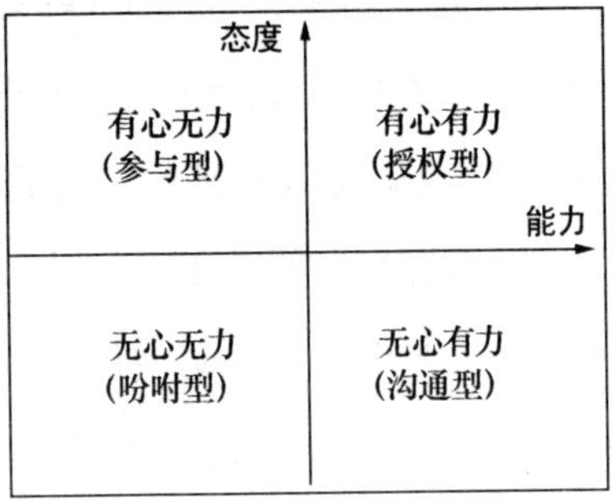

态度	
有心无力 （参与型）	有心有力 （授权型）
无心无力 （吩咐型）	无心有力 （沟通型）

能力

图 2

很显然，对于这四种不同的状态，肯定要用 4 种不同的管理方式。

所有的管理者肯定都希望遇见第一种类型的员工，态度好、肯干、能力强，业绩好。对于这样的员工，领导只需要充分的授权，并给予及时的激励和关注其个人成长。不过，从没有天生 A 级的球员，A 级球员也是从 B 级被教练带出来的；那么您是 A 级教练吗？

对于第二类态度好而能力不足的员工，领导管理者要采取参与式管理，即参与到工作中，在关键的地方给予指导和培训，把员工带出来，协助其达成目标，转化成有心有力的员工（关于带人的方法，请参照后面介绍的七步法）。

而对于第三类有力无心的员工，在我们客观真实地判断其确实有足够能力之后，则需要进行深入的沟通，做好管理人的工作。这时候很有可能是目标的一致性出问题了，或者是其他客观因素的影响，比如家庭因素、健康原因、薪酬原因或者人际环境以及个人的发展成长。那么管理者要能够开诚布公、设身处地和推心置腹地与之沟通，达成价值共识，重新找回生产力。如无法达成共识或客观现实问题与条件确实暂时无法解决，则应保持彼此尊重，双方尽早重做选择。

对于第四类员工，除非是混日子的企业组织和某些因为科技变化等原因而能力渐失的老员工短期的存在。至于新人，有人会说，好不容易应聘入职的新人就算无力也应该有心啊？而事实是，在如今的就业压力大潮下，很多为了谋得一份工作，找到一碗饭吃的新人，也不乏混日子懒惰的思想。毕竟，内驱力十足的人是少数。因此，对于此类员工我们除了一方面尽快通过培训让其能力至少达到会或熟的标准，另一方面可以通过布置和吩咐明确的任务，来不断改善其态度。要知道，当员工不断有所成绩，找到自己的擅长之处之后，大部分人是会快乐地工作的。

总之，无论是哪种类型的员工，管理者的最终目的，是为了能够达成业绩目标。因此，管出结果是最终目的。好的教练不但能够管出好的比赛结果，也能够充分地了解每个球员的有效行为过程，助攻如何？抢断怎样？篮板几许？远投命中率高低？同样的，销售团队的教练，亦应清楚地知道，团队中谁的业绩最好最差？谁拜访客户最勤奋最懒？谁的关单率最高最低？谁的电话约见决策人最多最少？等等。

当然，能够把以上四种不同的管理方式，全面灵活运用自如的管理者少之又少。这时，就需要通过集体领导，搭班子组建有层次的管理队伍来解决。

有的管理者重在抓员工的态度。比如及时地发现销售的客户电话和拜访量严重不足，通过沟通发现是因为销售人员不够勇敢、担心失败，那么管理者就需身先士卒带领销售克服心理障碍。

而更多的态度上的不自信，或是因为技能上的不足造成的。比如销售人员总是不够敏锐，听不出客户的真实想法，或者是虽然勤奋，但是缺乏判断力，拜访的大多是非理想客户，屡战屡败。这时候管理者要重在训练销售人员的销售技能。如果经过专业的训练后，仍不能够达到合格的水平，那么也应及时调整岗位并改正，以便双方都重新做出选择。

同时，管理者要有勇气面对自己有可能看人犯错，对于不那么敬业的、懈怠的、通过沟通仍与组织价值观不符的那些球员，给予及时清除出队。此时管理者的原则是"诛行不诛心"。

另外，领导管理者需要重视的是，有些表现优秀的员工，此时期在此岗位有心有力的员工，提拔到一个管理岗位后，可能就是有心无力的管理者；这时要及时地调整授权为参与，并建立良好的沟通。

管理的手段因为科技的进步而层出不穷，比如沟通的及时性和地域时空的限制性，都因为各种智能终端如手机、平板电脑的新应用而有所突破。这些应用，容后我们继续深入地探讨和学习吧。

　　进入全球化和信息化时代以后，我们的市场更加变化莫测；每一个管理者面对需要学习的知识应接不暇，尤其是一些高科技企业。而管理的主要手段是沟通。但是，在企业团队中，信息不对称的问题是目前一个非常普遍和棘手的现象。很多事情，管理者明白，管理者以为员工明白，但是员工实际上并不明白；有些信息，一线员工以为领导知道，但是领导实际并不知道。这就要求我们利用现代化的管理工具武装起来。我们知道，企业的市场竞争就是战争，赢得战争需要我们组织内部的高度统一，信息对称是基本，而对于外部，我们要充分地利用信息不对称，以正合，以奇胜。做到知己知彼，才能百战不殆。

自我总结

　　您的企业有较系统的管理吗？

　　您的企业有合理的分工和组织吗？能充分发挥员工的优势和擅长吗？

　　您的企业内部信息沟通顺畅，信息对称吗？

　　作为管理者的您，能够客观真实地判断下属的态度和技能吗？有客观的标准吗？如何对待一个勤奋的销售和一个运气好的销售？

　　请注意以下概念：目标、SMART 原则、计划、分工、科学管理、组织、人事、领导、控制、PDCA、绩效、沟通三要素。

第二章　一些基本概念和观念

上一章节讲了三个原则，领导原则、销售原则、管理原则。此三者，均是作为企业的老板管理者必须重视、思考、掌握的。而作为商业组织，其运行本身就有很多需要规范的职业化的概念。就像一个一流的军事组织，有其高效的指挥系统和指令体系。这些基本的概念和观念，则不仅是管理者，而应该是每一个组织成员都必须掌握的！

基本商业概念

供求关系

供求关系这个词，我并不想在此再重复教科书上的定义和内容。任何一本经济学书籍都有表述，当然您最便捷的方法是上网搜索。

大家应该都对计算机的运作原理二进制有所了解吧。1 和 0，代表了开关、是非两种状态，就像硬币的两面相依相存。如果天是 1 的话，那么地就是 0；如果阳为 1 的话，那么阴就是 0；而如果供是 1 的话，求就是 0。我们每个人，在社会上都会是两种角色不断地转换，或 1 或 0。而此刻，想必读书的您，一定是摆着 1 的身份角色在思考吧。

作为每天和市场、客户打交道的我们，有没有思考过，市场的本质是什么呢？

10 年前，一直浸淫在证券市场中的笔者，在关于投资的教程中就写到，"作为市场的本质，是供求关系。"

今天，我仍然再一次重复。市场的本质，就是供求关系。

在第一章领导原则中，我们说过，领导者、创始人首要的任务是选择做对的事。而这对的事应该是自己熟悉且擅长的事。从投资者的眼光看来，一个生意是否值得投资，首先要看 SIZE（就是整个市场空间的大小）。

好在中国的人口众多，幅员辽阔，任何小微产品，即便是一个扣子，放到中国都是大市场。当然，需求者 0 众多的同时，我们也要清醒地认识到，和自己竞争的供应者 1 同样众多。而关于这个竞争的分析，在后面的 SWOT 分析中有介绍，此处并不详述。

这里我们要讲的是，劳动力市场的供求关系，趋势以及变化。

众多的业主、经理们，是否有这样的感觉，这些年员工越来越不好招聘了呢？招到的人也越来越不如前些年的人努力、上进和勤奋了呢？而自己当年多么多么努力，战胜众多的竞争者才谋求到了还远远不如现在这样的机会云云。

事实是，我们面对的劳动力市场，雇主和雇员双方的供求关系，随着这些年的改革开放、经济发展出现了重大的变化。

让我们看一下头两次经济普查的数据吧。两次经济普查的报告分别是 2005 年 12 月和 2009 年 12 月，时间间隔是 4 年。

第一次经济普查："经过各地区和有关部门及全体普查人员一年多的共同努力，全国经济普查的登记填报及数据审核汇总工作基本完成。国务院第一次全国经济普查领导小组办公室和国家统计局将分 3 次向社会发布普查公报。现将第一号公报发布如下：2004 年末，全国共有从事第二、三产业的法人单位 516.9 万个。其中，企业法人单位 325.0 万个，机关、事业法人单位 90.0 万个，社会团体法人单位 10.5 万个，其他法人单位 91.4 万个。产业活动单位 682.4 万个，其中，第二产业 167.5 万个，第三产业 514.9 万个。个体经营户 3921.6 万户，其中，第二产业 588.7 万户，第三产业 3332.9 万户（详见表 1）……"

第二次经济普查："……2008 年末，全国共有从事第二、三产业的法人单位 709.9 万个，与 2004 年第一次全国经济普查相比，增加 193.0 万个，增长 37.3%；产业活动单位 886.4 万个，增加 204.0 万个，增长 29.9%；有证照的个体经营户 2873.7 万户，增加 686.9 万户；2008 年末，企业法人单位 495.9 万个，比 2004 年增加 170.9 万个，增长 52.6%。其中，国有企业 14.3 万个，减少 3.6 万个，下降 20.0%；集体企业 19.2 万个，减少 15.1 万个，下降 44.0%；股份合作企业 6.4 万个，减少 4.3 万个，下降 40.2%；联营企业、有限责任公司和股份有限公司共 65.9 万个，增加 22.7 万个，增长 52.5%；私营企业 359.6 万个，增加 161.4 万个，增长 81.4%；其他内资企业 11.9 万个，增加 6.4 万个，增长 116.3%；港、澳、台商投资企业 8.4 万个，增加 1.0 万个，增长 13.5%；外商投资企业 10.2 万个，增加 2.4 万个，增长 30.2%……"

通过以上数据我们可以看到，仅仅是2004年末至2008年末的4年间，企业雇主，也就是劳动力市场的需求方，增加了52.6%的需求。而人力资源市场的人才供应，恐怕远远赶不上这个成长速度吧。岂止是赶不上这个成长速度，简直是背道而驰呢。根据中国人力资源蓝皮书，"……劳动年龄人口进入负增长的历史拐点。据国家统计局数据，由于……2012年我国15~59岁劳动年龄人口为93727万，比2011年减少345万，占总人口的比重为69.2%，比2011年底下降0.60个百分点，这是我国劳动年龄人口在相当长时期里第一次出现绝对下降。与此同时，我国劳动参与率也呈现逐年下降的趋势，由2005年的76.0%降到2011年的70.8%。中国劳动力供给格局开始发生转变。"

看到如上现象，不知作为雇主的您有何感想呢？

让我们再看看更细分的数据吧。看看哪些行业的雇主需求市场出现重大的变化。根据2012年全国统计年鉴，我们可以看到，从1996年至2011年的15年间，全国的法人单位从440万家增长到959万家，增长了117.93%（详见表1）。

在下表中，需求增长最多的是信息传输、计算机服务和软件业，房地产业，租赁和商务服务业，增长最低的是金融、采矿和公共管理业。

可以看到，增长率排名第一的信息传输、计算机服务和软件业从20000家增长近10倍到了20.8万家，这个行业的人才缺口是显而易见的。

面对这样的人力资源市场供求关系变化，并且这个趋势还将继续下去，作为雇主方的您准备采取怎样的对策呢？

表1

年　份	合　计	农、林、牧、渔业	采矿业	制造业
1996	4402276	148029	100362	1256323
2001	9596729	321066	105490	2240315
增长率	117.93%	116.91%	5.11%	78.32%

年　份	电力、燃气及水的生产和供应业	建筑业	交通运输、仓储和邮政业	信息传输、计算机服务和软件业
1996	30543	126710	63808	20381
2001	66652	346026	219630	208867
增长率	118.22%	173.08%	244.20%	924.81%

年　份	批发和零售业	住宿和餐饮业	金融业	房地产业
1996	681853	81444	73824	39693
2001	2276295	172070	55513	323985
增长率	233.84%	111.27%	-24.80%	716.23%

年　份	租赁和商务服务业	科学研究、技术服务和地质勘查业	水利、环境和公共设施管理业	居民服务和其他服务业
1996	96609	42048	29508	52677
2001	687575	283777	69186	175813
增长率	611.71%	574.89%	134.47%	233.76

年　份	教　育	卫生、社会保障和社会福利业	文化、教育和娱乐业	公共管理和社会组织
1996	215358	112326	41064	1185790
2001	346390	205173	102775	1387111
增长率	60.84%	82.66%	150.28%	16.98%

　　人力资源市场，其实和普通商品市场在供求关系上，没有本质不同。而最大的差别，恐怕在于人力资源供应，不像商品市场那样标准化和批量化。对比购买商品所能获得的确定价值，除了付出的金钱成本，恐怕人才之创造价值的大小，和作为需

求方的雇主、领导的本身也是息息相关的。

请记住，"价格是您付出的，价值才是您得到的。"

机会成本

一个商业组织的成员，如果没有成本意识，就像一个士兵不清楚战场上打仗会流血牺牲一样可怕。中国改革开放 30 多年，市场经济 20 多年，现在这样的人应该很少了。

我们大部分人重视的，基本是财务成本，也就是办一件事要花多少钱。而另一个更重要却往往容易被忽略的要素，就是机会成本！

机会成本的概念，每一本经济学基础的书中都有阐述，推荐大家阅读曼昆的《经济学原理》。机会成本又称为择一成本、替代性成本。机会成本对商业公司来说，可以是利用一定的时间或资源生产一种商品时，而失去的利用这些资源生产其他最佳替代品的机会，这就是机会成本。

机会成本包括两部分，使用他人的资源，付给资源所有者的货币代价，我们称作显性成本；使用自有资源，而放弃其他可能性中得到的最大回报的那个代价，我们称为隐性成本。

教科书中的经典案例解读，就是农民在土地上选择种土豆还是养牛，两样收入之间的对比和选择；年轻人在晚上上图书馆看书自习还是请女友看电影的收益权衡；以及一个毕业生面临自主创业还是找工作之间的替代成本。

这里我们要重点提出的，是关于机会成本中的机会，首先，必须是决策者可选择的机会，不是决策者可选择的就不能成为该机会成本的衡量标准。比如，如果我们现在的城市没有 3D 的 IMAX 影院，去看该电影就不能成为机会成本的机会选项。其次，机会成本是指放弃的机会中收益最高的项目。机会成本有些是可以用货币衡量的，有些是不可以用货币衡量的。作为商业组织，我们都要求尽量做到量化到货币收入上。机会成本最高的，就是我们经过预算收益最高的项目，当然这种预测必须是靠谱的。最后，机会成本在经过考虑抉择后，不要患得患失，因为如果两样都可以选，就不成其为替代了。有些事情只能择其一，比如自己的住房，自己住就不可能租给别人获得收益；租给别人就不可能自己住。晚上决定吃火锅就不可能还去吃中餐，咱没有这么大的胃口。所有的决策者，从老板到基层员工，都要学会选择。

从商业上来说，要做到最优的选择，就要使用 SWOT 分析的方法，从军事上说，也就是敌我态势分析。

SWOT 分析

SWOT 分析应该算是一个众所周知的工具和方法了。查找百度百科，定义如下：SWOT 分析即强弱机危综合分析法，是一种企业竞争态势分析方法，是市场营销的基础分析方法之一，通过评价企业的优势（Strengths）、劣势（Weaknesses）、竞争市场上的机会（Opportunities）和威胁（Threats），用以在制定企业的发展战略前对企业进行深入全面的分析以及竞争优势的定位。因此，SWOT 分析实际上是将对企业内外部条件各方面内容进行综合和概括，进而分析组织的优劣势、面临的机会和威胁的一种方法。

通过 SWOT 分析，可以帮助企业把资源和行动聚集在自己的强项和有最多机会的地方。这是每一个决策者正确的经营方向。但是根据笔者独立创业 10 多年的经验，真正做好 SWOT 分析是很有难度的。

这里，和大家分享几点我们曾经走入的误区和认识。第一，就是经营决策者往往容易首先看到的是机会，并且片面地重视机会，也就是可能的收益，而不去考虑或者说不够客观地考虑自身的优势和劣势，以及市场上本身存在竞争对手的威胁。拿毛泽东的话就是经常犯机会主义和盲动主义的错误。

现实中，我们很多股民在做投资的时候，也往往是眼睛只盯着能赚多少钱的机会，而不去考虑亏损的可能。事实上，经营企业是会倒闭的；投资也是有可能血本无归的。每个决策者最好先想到最坏的结果。"做好最坏的打算，制订最好的计划，往最好的方向努力"是正确的分析决策方法。

第二，正确地分析自身的优劣势，并不是一个简单的事。可以这么说，整个 SWOT 分析，最后就是要达到孙子兵法中的要求——"知己知彼，百战不殆"。对自己组织的知己过程，并不是一个简单的事，尤其是当团队日趋庞大之后。根据我们过去的经验，这个分析过程，务必要遵循民主集中制的原则，做到充分细致的调查。因为，组织中的决定因素，就是人心向背和士气，这是企业优劣势的一个重要组成部分。另外，就是对于组织的劣势，综合了解大家的意见，往往能够有更客观的认识。有劣势不可怕，怕的是忽略了劣势的存在，不能客观看待自身的劣势。我们的企业，就曾经在有的项目上，因为没有客观认识到自己的劣势，造成几百万的投资没有一点产出的巨大亏损恶果。

第三，知彼的过程，就是对外在市场机会和竞争威胁的客观分析。前者优劣势（S和W）分析，是对自身组织内部的主观认识，这种主观认识尽量要做到客观。但是因为能够发挥主观能动性，所以变量是比较大的。而对外部形势的判断和分析，相对而言，不会因为我们自身的态度转变而短时期内发生大的变化，所以尤其需要客观。我们既要看到机会，又要看到竞争的威胁；我们既不要夸大机会，也不要忽略竞争威胁。也即是说，我们在战略上是可以藐视竞争对手的，但是，在战术上一定要重视竞争对手的威胁。在这个角度上，我们经营决策者要学会利用行业资深人士和专家的力量，以及当地区域市场本地化向导的作用；当然，自己就是行业的专家或者对该区域市场非常熟悉就更好。很多优秀的指挥者，都有看地图的习惯。就是为了能够对地形烂熟于胸。

有的企业领导说，咱这么小的企业，没必要做什么SWOT分析。这种得过且过的想法，要想生意做大将是很困难的。事实上，即便小到街对面的两个摊煎饼、卖包子的小摊，也可以通过SWOT分析来赢得更好的收益。

总的来说，做这个分析比不做好！认真仔细地做比马马虎虎地做好！有专业的指导、信息客观全面比盲目的主观分析拍脑门好！没做过的朋友，至少现在就开始结合自己的组织，尝试一下简单的分析吧！交换、比较、反复才能只唯实哟。

做初级的SWOT分析，有必要做个类似下面的基本表格：

表2

	自己公司	竞争对手
优　势		
劣　势		
机　会		
挑　战		

进行 SWOT 分析，需要遵循以下原则。

①必须对组织的优势与劣势有客观的认识；

②必须区分组织的现状与前景；

③必须调查收集大量客观信息，考虑全面；

④必须与竞争对手比较，分析绝对优势和比较优势；

⑤宁要模糊的对，不要精确的错，保证分析的简洁化，避免复杂化与过度分析；

⑥应客观认识到决策者因人而异，做好最坏的打算。

绝对优势和比较优势

接下来，我们就说说有关敌我态势分析中的优劣势比较问题。

孙子兵法说："知己知彼，百战不殆！"说起来容易，做起来难啊！人类一直在对自我认知的调整中前进。市场上的机会，竞争对手也看得见，而最难的也就是对自我和组织的优劣势的客观认识。如果不能知己，恐怕是没有胜仗可打的。

在现在的市场经济中，经常充斥着"大者恒大，强者愈强，赢家通吃"的理念。这个观点只能说是有限的正确。是需要很多附加条件和在一个局部时间内的。事实上，任何强大的组织，都是从弱小成长起来的，政治军事组织是，商业组织也是。孙中山第一次搞辛亥革命起义从 3 个人开始，到最后推翻清王朝；共产党第一次党代会从全国 50 多名党员开始，到现在成为世界上最大的组织并拥有 7000 多万党员。比尔·盖茨和艾伦从两人开始，到现在成为世界上最强大最垄断的商业公司。

即便如此，面对微软，笔者的企业也曾经在区域市场内，成为他强有力的竞争对手，获得比他还要大的区域行业市场占有率。因此，没有哪一个品牌强大到不能被挑战；也没有哪一个品牌弱小到不能去竞争。

那么，我们交流一下如何辩证地看待我们自己的优劣势。这里引入两个经济学概念——绝对优势和比较优势。

首先，我们介绍一下故事的主角，一个农夫和一个养牛人。农夫的生产能力是一天可以生产 4 公斤土豆，如果换作生产牛肉的话，则一天能够生产 2 公斤牛肉。养牛人的能力要强很多，如果只生产牛肉，每天能生产 40 公斤，即便换作种土豆，每天也能收获 5 公斤土豆。可以说，无论是生产牛肉还是土豆，养牛人都比农夫具有绝对优势。如下图 3。

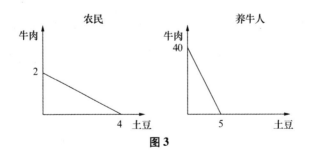

图 3

那么，这两个人有必要合作吗？从 SWOT 分析上，是否农夫都是绝对的没有优势只有劣势呢？是不是无论土豆还是牛肉，对于农夫来说都没有机会只有威胁呢？

答案是否定的。因为，上进的农夫闲暇时间学习了一下经济学原理。通过深入的 SWOT 分析，找到了自己的比较优势。

前面我们已经讲过了机会成本的概念。农夫分析，对自己来说，每公斤土豆的机会成本就是 0.5 公斤牛肉，每公斤牛肉的机会成本就是 2 公斤土豆；而对于养牛人来说，每公斤土豆的机会成本是 8 公斤牛肉，每公斤牛肉的机会成本是 0.125 公斤土豆。很显然，对比土豆来说，养牛人在牛肉生产上付出的机会成本要大得多。而对比生产牛肉来说，农夫自己在土豆上付出的机会成本是养牛人的 8 倍。

很显然，如果两人都想既有牛肉又有土豆改善生活的话，各匀出一部分的时间生产土豆和牛肉，农夫会得到 2 公斤土豆和 1 公斤牛肉或者 1 公斤土豆和 1.5 公斤牛肉，养牛人会得到 2.5 公斤土豆和 20 公斤牛肉或者 2 公斤土豆和 24 公斤牛肉。

于是，懂经济学的农夫提出和养牛人做生意。告诉养牛人只生产牛肉，然后，用 4 公斤牛肉和他换一公斤土豆。养牛人简单地一算，合适啊！遂达成交易。农夫只生产土豆，并用两公斤土豆和养牛人换 8 公斤牛肉。

结果，通过 SWOT 分析和整合比较优势来交易，农夫每天得到了 2 公斤土豆和 8 公斤牛肉，远大于自己生产的 2 公斤土豆和 1 公斤牛肉；养牛人也得到了 2 公斤土豆和 32 公斤牛肉，亦好过自己生产 2 公斤土豆和 24 公斤牛肉。双赢的结果使之人人获益。

在本案例中，养牛人对比农夫，在生产土豆和牛肉方面，都有绝对优势，其单位时间生产量都高；而农夫在生产土豆方面有比较优势，因为他相对于生产牛肉而言机会成本低；养牛人在生产牛肉方面，除了有绝对优势还有比较优势。

事实上，在商品经济的市场上，不但要拥有绝对优势，我们更要看到我们和竞争对手以及合作者之间的比较优势。井冈山时期的红军和国民党军队之间，可以说完全是国民党处于绝对优势。但是毛泽东通过将队伍拉进山里，将行军作战速度方面两条腿和机械化之间的绝对劣势，变成了两条腿和两条腿之间的比较优势，甚至是绝对优势。

因此，再小的企业，我们的老板、领导都应该认真地思考自己的绝对优势和比较优势。孙子云："是故胜兵先胜而后求战，败兵先战而后求胜。"那是因为善战者先找到了自己优势的地方，才去选择作战，而不是先去作战再去争取优势。

一些观念

关于管理销售和经营的概念，需要经过类似 MBA 这样的专业课程学习和训练才能掌握，当然有内驱能力的人通过自己的系统学习恐怕会更有收获。这里我们简单分享一下有关机会成本、市场营销 SWOT 分析和绝对优势比较优势的概念。其他的留待以后逐步完善。

而再多的概念、理论如果得不到执行，也就是纸上谈兵而已。因此，作为多年企业经营的实践者，笔者更看重的是执行！好的执行力，才是领导管理成功的基础。

好的执行力，是和组织的文化价值观密不可分的。以下的一些观念，是我们多年心得的分享。

销售团队是带出来而不是学出来的

销售团队就是企业的作战部队，就是企业在市场上浴血拼杀的一线军队。所以，好的将领从来都是说带兵有方，而不会说教兵有方。也就是说，销售经理和销售之间的关系不是师生关系，而是将兵关系。具体的执行方法在一部《人间正道是沧桑》电视剧中说得很形象。总结起来，销售经理带销售有以下7步法。

1. 我做给你看；

2. 你做给我看；

3. 讲评；

4. 我再做给你看；

5. 你再做给我看；

6. 再讲评；

7. 你再做。

当然，以上7步仅仅是起个参考作用。真实的带团队时，有时候可能简单示范两遍是不够的；聪明的员工掌握快，有些员工则要循循善诱。至少，我们每个领导需要明了的是，你需要做给每个员工看，需要每个员工知道你要求他达成的工作效果，需要你们事先达成标准的一致。我们反对没有教导过程只要求结果，不满意便随意惩罚的"不教而诛"。

说到带兵、带团队，商业组织中，最多最突出的问题是金钱味过重，人情味过薄。殊不知，人都是将心比心，以诚换诚的。说到带兵，我们真正值得向解放军学习！中国自古就有经得住历史考验的带兵方略。这段话可仔细琢磨："视卒如婴儿，故可以与之赴深溪；视卒如爱子，故可与之俱死"（《孙子兵法》）。

好习惯受益终生

我们日常的工作中，有很多好习惯的养成是终生受益的。有些人不注意一些细节，不看重积累的力量，只想做机会主义者，没有清醒地认识到经验的积累和财富的积累是息息相关的。以下是我们总结出来的一些好习惯。

日事日毕的习惯

我们注重当日事当日毕的工作习惯！还要养成每天总结的好习惯，每天想一下这一天有什么收获，哪些地方做得不错，哪些地方还做得不足，有什么好方法又掌握了。

学习、总结和思考的习惯

我们每个人从小就在接触学习，不知道我们是否真正弄明白了学习是为什么。

很简单，"学以致用"！这个世界是实践的，不是理论的，我们前人就告诉我们要知行合一。如果在现实生活和工作中用不上的，学了等于没学。学习的方式不仅限于书本，但是阅读是非常良好的习惯，建议每个人都养成，即便每天20分钟，日积月累阅读下来，也有大量时间分配在学习上；最好的阅读方法是和自己的切身实际相结合，也就是利用别人总结的经验和自己过去的实际经验互相总结、验证，取其精华、去其糟粕。这样的效果，事半功倍。

另外，就是要有独立思考的习惯。如果不能独立思考，人云亦云，那么就会丧失判断力！并不是书里写的都是对的，彼时彼地彼人彼事的经验，不见得对此时此地此人此事能够真正起正面效果，有时甚至相反。我们一定要有具体问题具体分析的能力，避免教条主义。

还有，就是要从实践中学习和总结，要是能上升为文字的经验分享给他人就更好了。

沟通和反馈的习惯

现代社会是信息化社会，原始社会的老死不相往来早已一去不复返。团队的合作需要沟通，管理需要沟通，因为信息不对称，人和人之间不沟通就很容易造成误会，第一次是误会，第二次就是误解了，再任其发展恐怕就产生矛盾了。

为此，我们的组织专门规定了沟通三要素：开诚布公、设身处地和推心置腹。

所谓开诚布公，这是沟通的起码前提，实事求是，客观公道，就事论事，才能够开诚心，布公道，才能够建立沟通者双方的信任基础。

设身处地，就是要学会换位思考。领导要考虑下属的处境，下属要考虑领导的处境，所谓"己欲立而立人，己欲达而达人，己所不欲勿施于人"就是这个道理。只有设身处地为对方着想，才会寻求最佳解决方案和办法，而不是简单地下达任务了事。

推心置腹，交流沟通要深入，不能只是涉及肌肤（表里），而且要深入骨髓（内在），要将自己的诚心交给对方，才能够透过现象看到本质，才能够得到对方的诚心，从而深入地交流思想，才能真正达到沟通的目的。

以上是沟通的三要素。另外，我们还要养成反馈和及时反馈的习惯。在部队的指令体系中，就对反馈有明确的要求。而我们企业的管理中，很多员工没有养成反馈的习惯，做事无结果，是对己对人都不负责任的表现。管理者也要明确地重视，将及时的汇报和反馈形成机制。

系统性思考和重视细节的习惯

我们每个人做事情，往往是屁股决定脑袋。自己在什么位置，就作何思考。但是，作为组织成员中的一位，如果不能够站在组织的角度，系统性地思考问题，就不能够全面深入地理解组织目标，执行组织计划。而经常站在全局的角度思考问题，往往才能让自己的工作方向明确，并且更容易达成真正对全局有效的结果。

"宁要模糊的对，不要精确的错"就是这个道理！系统性思考，并不等于粗枝大叶和不重视细节。在前面的领导原则中，我们已经说过重视细节的要求，往往魔鬼出于细节中。千里之堤，溃于蚁穴。

自我总结

请举一个在你自己的组织中，涉及机会成本、SWOT 分析和比较优势的例子。

你们的企业中，有真正的"带"销售团队吗？具体行为有哪些？

以上好习惯，你都具备哪些？除此之外，你认为还应该有哪些好习惯？

第三章　案例、方法、工具与应用

不断地总结好的经验方法，制造武器、使用工具是人类增强自身能力的手段，这是人类在长期进化中获得的能力。能否熟练地总结，正确地使用武器、工具，也是职业人士和业余人士的显著差别。从战争的角度讲，起决定因素的当然还是人；但是无论再好的战术素养和战略，很显然，拎着大刀长矛，即便是打了鸡血，也是不可能与现代化的飞机导弹对抗的。当然，工具不是万能的，但不会使用工具是万万不能的。

孙子兵法云，"凡战者，以正合，以奇胜。"正者，对称也；奇者，不对称也。现代化战争获胜的手段就是要靠与对方的信息不对称，我知而敌不知，我能而敌不能。而组织内部管理，就要靠信息的对称——上下同欲者胜！

每一个老板、领导和管理者，都希望自己的组织像一个人一样工作！这也是我们不断探索 Work As One Way（齐心协力之道）的由来。因此，基于互联网、大数据的信息化应用系统，就成为企业不得不必须掌握的管理利器了。

本章主要通过案例，介绍一些企业经营管理中遇到的问题和应对的方法、使用的工具等。需要强调的是，方法、武器固然重要，但决定战争胜负的最终因素是是否有能够得心应手地运用各种手段的人。

"道生一，一生二，二生三，三生万物。"一个人从有一个想法，到开始付诸实施，找到志同道合者，两人合伙，三人为众。所以，任何团体，有三个以上的人便形成了组织。有组织就需要管理，需要分工。在处理组织的各类信息方面就要各有侧重。对于整个世界而言，我们每个人作为一个信息单元，就好像对于人体而言的一个细胞。在一个企业组织里，我们每个人都是最基本的组成单位。

想象一下，我们每个成年人体内都有几十万亿的细胞，通过神经信息系统联接在一起，而最初，我们都是从一个受精卵细胞开始，仅仅9个多月，大自然的鬼斧神工就让我们成长如斯。

而企业的创立，也总有那么第一个充满活力的细胞。

接下来的引领企业从优秀到卓越的旅程例子，将由我们的男主角秦汉唐伴随大家一起成长。

秦汉唐，男，年近而立，工科出身，自学文学、管理、历史、法律，分配到国营单位从事技术工作，后转销售工作，在改革开放后进入外企成为白领，此时的他正处在一个人生抉择的十字关头。

离职的念头已经有很久了，秦汉唐坐在办公室的窗边，望着窗外的车流，天色渐暗。

3个月前，办事处主任Andy冯趁着他出差外地，找了个借口将技术部大拿刘浩宏开除了。而新的技术人员不能及时到位和上手，导致客户的不满，订单的延迟，这让他非常恼火。

冯明知刘浩宏是全公司的技术能手，是他的左膀右臂。此举何意，他很清楚。

就在今天下午，他和冯大吵了一架。因为他认为在试用期的小邓不合格，不准备让他转正。这就意味着小邓将失去这份工作。而小邓是冯安排进的公司，安排进的自己部门。因此当这个决定传到冯的耳朵里以后，他明确地向香港总部表示不同意，并扣帽子说他是打击报复。

虽然，销售部从业务上的垂直领导并不是冯而是香港的业务老总Thomas许，但是刚才接到老总电话，Thomas口气很缓和让他再深思熟虑一下，而"搞好团结，大局为重"的官方口吻，让他清醒地意识到自己的领导并没有站在自己的这一边。尤其是在业务老总告诉他，冯说小邓是某某重要客户的关系人孩子的时候，他便知道基本上自己的想法不可能实现了。

下午的一切还历历在目。

"冯总，小邓是我部门的人，您的手伸得也太远了吧？"

"你不能因为我把刘浩宏开除了，就和我制气啊！"冯看着秦汉唐悠悠地说。

"您怎么能这么说啊？小邓来了3个月了，不是做销售的料嘛！你看看出去拜访过多少个客户，一个单也没关啊。咱们销售部是要拿业绩吃饭的，不是养闲人的。"

"年轻人刚毕业，挺勤奋的嘛！你这个高手要多带带呀，要多给年轻人创造机会嘛！"

"不行，我没那么多时间精力，您怎么不给刘浩宏机会啊？现在搞得我们多被动，一大堆售后服务的事情落实不下去，没法交付，就没法收款啊。我整天忙着擦屁股呢，没功夫带他，不同意他转正。不成您安排到别的部门去呗！"秦汉唐明知其他的部门都对技术性要求很高，不可能接收一个应届毕业生。

"我看是打击报复吧！一码归一码嘛！这3个月你怎么带小邓的我们都很清楚，要是你觉得小邓现在还不合格，可以把试用期再延长3个月嘛，你写个申请我马上签字。"

"凭什么啊？想都别想，您别乱扣帽子，没错，我就是报复了！那也是您打击在前，我报复在后。我就是不同意他转正。要不，您把我也开了？"两人不欢而散。

秦汉唐收回了思绪。确实最后的话给冯总抓住了把柄，但他知道，要开他这是不可能的事。整个办事处一大半的业绩在他的手里。并且他还是全国的销售状元。除非，他自己要走。

这段时间，外企的天花板效应，个人的成长和对未来人生的规划，都让他不断地问自己这些问题。虽然现在的收入在国内的白领中绝对算是非常丰厚，但是他明白，他想要的绝不是一个这样的人生。而究竟要往什么方向去，他自己似乎还没有完全想明白。

他拿起了电话，还是决定给黄兄沟通一下。当时迈出离开国企进入外企这步，也是因黄兄推荐。黄兄曾经是他父亲的学生。后来走进商界，在美国留学MBA，在销售、管理和培训方面均有颇深的造诣。一直以来，他都把黄兄当作自己的兄长和老师。已经很久没有联络了。

电话接通了。在确认黄兄方便之后，他简单地将这一段时间的工作和办公室的情况说了说，也将自己想离开的想法告诉了黄兄。黄兄并没有简单地接他话并给他的未来什么建议……

"这几年你小子干得很不错啊，对了，你做销售部经理多久了？"

"两年啦！怎么？"

"你觉得做得怎么样啊？能给自己打几分？"

"还好吧，每年业绩都没问题呀！"秦汉唐很自豪地说。"5分。"

"哦，那么你5分的标准是什么呢？"

"完成业绩啊！"秦汉唐很自豪地说。

"你们整个部门的业绩，一多半都是你自己完成的吧？"黄兄揶揄道。

"是啊，这有什么？"秦汉唐有点丈二和尚摸不着头脑。

"那你只是个大销售啊。你可以销售上打五分，那么你的管理能打几分？你认为自己很精通吗？你带的队伍的战斗力怎么样？未来能走多远啊？"黄兄很认真地说。

"哦，确实，我大部分精力都放在客户那里去了，至于管理嘛……未来能走多远啊？我自己不是都没想清楚呢！"秦很不好意思地说。

"OK，你现在能够完成业绩。如果3年之后呢？你现在一个人自己做500万的业绩，我也知道你很勤奋，一个上午跑6个客户。那么3年后你自己可以做上千万的业绩？可以一上午跑12个客户吗？"

"1000万的业绩不好说，但12个客户肯定不能啊，又不是扫楼，我们的客户也不可能在一个楼里啊，我又不是孙悟空。"

黄兄继续问道，"而如果你现在培养 3~5 个一上午能跑 2、3 个客户的新手，3 年以后能跑 12 个客户吗？"

秦汉唐想了想，"那应该可以。"

"那么他们就算没你这么能干，每个销售一年能做个两三百万的业绩吗？"黄兄接着问。

"呵呵，现在我没带，有的也接近 200 万啊。嗯，我明白了，您的意思是，批评我没有把精力放在团队培养和管理上吧。"秦说。

"嘿嘿……"黄兄默许地笑了笑。

"老哥，我都想要撤退了，还带他们？"秦汉唐不以为意。

"喂，你当经理两年了，之前有带吗？你和我说说你每个月、每周花在每个销售身上多少时间？跟他们见多少客户？和他们过多少个项目？有多少业绩是在你的带领下完成的？"黄兄很认真地说。

"哦，这个，我确实没有统计……"秦汉唐很不好意思地说。

"你现在给自己的管理打几分？"黄兄追问。

"喔，3 分吧……"秦汉唐结结巴巴地说。

"呵呵，我看未必哟！"黄兄的语气稍微有所缓和。"最近，我有些新的研究成果和发现，感兴趣不？"黄兄接着说。

"感兴趣啊！哪方面的？"秦汉唐好奇地问。

"当然关于企业销售组织管理啊！"黄兄顿了顿。

"您继续说。"秦汉唐期盼地说。

"你看，刚才关于你的管理的问题，我不说你自己并不知道。"

"嗯，确实是。"秦汉唐点了点头。

"而且你自己并不知道自己不知道。"黄兄强调说。"你这种状态，就是不知己不知。"

"不知己不知……不知己不知……"秦汉唐喃喃地重复道。"呵呵，这有点像绕口令哈！"他乐道。

"现在，你的状态是知己不知。这时候提高起来就好办了。"黄兄没有理会他，继续说。

"哦，那么您的状态是什么呢？"秦汉唐试探着问道。

"呵呵，我让你从不知己不知变成知己不知，我是知己知啊！知之为知之，不知为不知，是为知也。"黄兄也摇头晃脑地开起了玩笑。"还有一种状态，就是不知己知。也就是有些做得很好得管理者，会做，管理得也很好，但都是凭借自己实践个人领导魅力，并不能上升到系统的理论和归纳出完整的经验。就像小作坊里的师傅，包括你自己做销售一样，做得很好，但是不知己知。"黄兄继续说。

"嗯，您说得太对了。"秦汉唐使劲点了点头。"其实我也想带他们来着，只是一起去客户那里，带着带着就自己撸着袖子上了。虽然最后业绩我也算他们的，但是似乎他们并不领情。"

"事实上，刚才你讲到你带的新人小邓，其实也挺勤奋跑了很多客户就是不出单。"

"对呀!"秦点了点头。

"他怎么出单嘛!他压根就不知己不知,有你这样一个不知己知的师傅带着,都靠自己悟吗?你要先知己知,再叫醒他知己不知。觉悟觉悟,先觉再悟啊!"

"是,责任在我。"秦汉唐被说得额头微微冒汗。"其实我还真的不是报复冯,我还真是认真地带了小邓一段来着。但是每次安排任务,他做回来都让我不满意,也就有点放弃了。"

"正好要和你说刚才发现的第二个问题。"黄兄喝了口水,接着说。"那么就是管理沟通中的标准问题。没有不好的员工,只有不好的领导。你在给他下达了指令以后,有重复问他明白了吗?"

"有啊,他经常点头说明白了,小伙子态度还是很好的。"秦汉唐道。

"他明白的真的是你所要求的吗?你有让他重复一遍吗?"黄兄追问。

"哦,这倒好像没有。我以为他应该明白啊!"秦汉唐很无辜的说道。

"以为?应该?你能跟你的客户用这样的措辞吗?"黄兄很严肃地继续发问。

"那当然不会,我会很耐心地和客户确认得明明白白的。难道你的意思是让我把小邓当客户?他又不给我订单!"秦汉唐挑了一下眼眉。

"他真的不给你订单吗?他出的业绩和你无关吗?你有奖金吗?"黄兄很认真地说。

"不好意思啊！我说错了，他确实帮我出订单，但他是我的下属，不是客户。"秦汉唐辩解道。

"他还真是你的客户哟！"黄兄提了一下嗓门说。

秦汉唐没有插话，继续认真听着。

"销售是什么呢？你好像在专业的 AIDA（爱达）销售学校学过吧。是卖任何东西给任何人吗？"黄兄调侃道。

"呵呵，当然不是。简单地说就是将特定产品实现的功能提供给有需求的人。或者说给客户创造、沟通和传送价值的过程。"秦汉唐很认真地说道。

"OK，那么你作为管理者给小邓创造、沟通传送了什么价值呢？"黄兄不经意地接着问道。

"通过我的领导创造他成长的机会啊。更好的业绩，更高的收入。"秦汉唐说完之后，立刻意识到自己进了圈套，大悟……"您的意思是，我的商品就是我提供的管理，哈哈，他确实是我的客户，不过我跟他拜访这么多客户，可是没买单啊！"秦汉唐咧开嘴乐了起来。

"在秦大经理的带领下，小邓同志出单了吗？"黄兄突然怪声怪气道。"你的快递在没送到你的手里之前，你会因为快递员风餐露宿而付钱给他吗？"

"Sorry，结果导向，这我明白！"秦汉唐表示认可。

黄兄接着很正经地说道："事实上，我发现。作为产品和服务，这种糟糕的管理，受害的员工还真是不少呢！"

"岂止是不少，简直是满世界都是啊！我，我，我……我给自己的管理打零分。我检讨！"秦汉唐很真诚地说道。

"关键是，很多员工还不能选择离开。天下乌鸦一般黑，为了混口饭，不得不忍啊。"黄兄感叹道。

"是啊，惭愧。"秦汉唐也一起感叹。

"在现实社会中还有个很类似的现象，就是糟糕的父母教育！"黄兄继续说道。

"是啊是啊，我将来有小孩一定不能这样啊。"秦汉唐附和说。

"怎么样，愿不愿意我在你身上做些实验？充当我的小白鼠？"黄兄问道。

"您说。"秦汉唐好奇道。

"训练你提升管理啊！"黄说。

"好啊好啊，求之不得。"秦道。

"好的管理是可以学的，就像好的产品都是从最初的实验品提炼出来的。"黄兄继续说道。

"拜托您收了我，让我觉悟吧！"秦汉唐大作感激涕零状。

"师父领进门，修行在个人。"黄兄正色道。"你现在公司的事，自己权衡好利弊。多交换交换各方面的意见，多做做比较。再做个SWOT的分析啊！"黄兄又调侃道。"把决定做好，定下来以后，我们再联络。关于第二个标准的问题，一句两句聊不完，我会给你发个邮件。"

"好的，我明白！谢谢黄兄，我会处理妥当的。真不好意思花您这么多宝贵时间。"秦汉唐认真地说。

"回见！"

"回见！"

秦汉唐在确认黄兄挂断后，慢慢放下电话。又仔细地回顾了一下刚才的电话内容，似乎有佳肴在口似的狠狠地品味了品味。回味了接近 10 分钟之后，秦汉唐起身拿起了衣服看看表，已经接近 9 点了，办公室走廊的灯已经暗淡到夜间模式。他还没有吃晚饭，但是似乎一点也不饿，径直回到了家。

第二天，秦汉唐到了公司，得知小邓已经出去拜访客户。遂电话他说，在公司等他谈一谈。然而，在下班前和小邓的沟通中，他从小邓充满敌意的眼神里，看到自己无限真诚的态度在他看来简直是黄鼠狼给鸡拜年。他知道，失去了信任的沟通是多么的无力，冰冻三尺非一日之寒。看来在自己过去糟糕的管理服务面前，小邓是有销售员异议了。更何况还有那位冯总在侧的煽风点火。

第 3 天，秦汉唐向香港总部老总递交了辞职申请书，同时抄送了一份给冯总。虽然许总专程从香港飞来真诚挽留。但是他已经做好决定，和许总反思了自己工作中的不足以及为了维护冯总的权威，为了整个办公室政治的前景云云，并承诺会做好客户的交接。

因为客户太多，本着实事求是、认真负责的态度，秦汉唐足足花了接近两个月的时间，才将自己手里的客户交接给小邓和其他的销售。有些重要的大客户，他基本上是逐一带着小邓拜访决策人、关键人，手把手地交接到小邓的手里。搞得小邓和冯总在那些天总用充满诧异的眼神看着他欲言又止。

而他自己心里明白，这就算是对自己过去给小邓的 3 个月糟糕管理的补偿吧。

在新的一年春节到来前夕。秦汉唐回头看了看他在此奋斗了4年多的写字楼。这是这座城市第一栋高档甲级写字楼，因为他第一年出色的业绩，总部老总将办公室由租转为了买。而4年过去了，隔壁的柯达已经倒闭。秦汉唐也将离开这里，开始自己新的征程。

知的方法：知己知（案例解析1）

在我们共同解析之前，尊敬的读者，您有什么收获呢？我建议您先自我总结，交换一下您自己的看法，互相比较。最好记录下来。

在本案例中，我们首先要分享的，就是在企业组织中各个岗位——无论是高管还是基层——对自我的认知，以及对上下左右工作相关的角色人的认知。

图4

大家可以看到，在很多企业的销售团队管理中，大量问题的出现，就像案例中的秦汉唐经理对下属小邓一样，源于沟通不畅，沟通双方对自我、对对方犯了想当然的认知性错误。而这种无效的指令和沟通，关键是作为经理人的秦汉唐自己并没有意识到。所以，每一个管理者，在下属完成任务、达成目标不能符合自己的预期时，首先应该思考是否双方做了充分的沟通，自己布置的任务指令，下属真正知还是不知的问题。

事实上，没有人是生而知之的。所有人均是困而学之，学而知之。

这一点，在笔者成为父亲之后，更是有了深刻的领悟。每一个孩子，出生下来，一无所知。除了凭借本能吮吸母亲的乳汁。既不会自己拿筷子来吃，也不能自己去坐马桶上厕屎。每一个负责任的父母，都会手把手地教会孩子吃喝拉撒、行跑坐卧的这些基本技能，再大些的德智体教育。如果没有父母，孩子自己并不知道自己需要学什么，自己不会做什么。可以说，每一个人从出生一刻起，都是不知己不知的状态。

而随着父母的教育，告诉孩子，"嗯，这个你不知道，应该学，那个你不懂，要搞明白。"孩子开始知己不知，勤奋学习。

而在企业里，很多管理者，尤其是销售部门的管理者，却经常会想当然地"以为"员工"应该"知道怎么做。

我们不能想当然地"以为"每一个应聘者都"应该"是天才是全才。一个刚进入公司的应届生，天生就应该知道传真复印机该怎么用，邮件群发该发给谁。

对比花太多的精力去寻找这样善于察颜观色自学领悟的天才，我们还不如直接花些时间去教会更多的普通人基本技能。

通过深入细致地沟通，充分全面地了解下属的基本情况。告诉他什么是他不知道的，什么是工作中应该知道的，让员工从不知己不知的状态改变为知己不知的状态，再通过充分的学习，充足的训练，让员工知己知。这是管理者的责任。

一个在基层岗位或中层管理岗位能做到知己知、知己不知的员工，到新的管理或者高层管理岗位，同样需要清醒地认识到，自己有可能在很多领域很多问题上，存在着不知己不知的状态。从而时刻保持着谦虚的心态，多交换意见，多上下左右反复地比较，尽快地消灭掉自己不知己不知的状态。

让我们再通过表3进一步熟练地掌握吧。我想，如果能够做好这一步，最起码管理者已经开始管理的基础工作，2分起步啦。

表 3

下属员工的四种状态	管理者采取的行动
不知己不知	细致沟通，令其意识
不知己知	协助总结，形成知识
知己不知	加强学习，抓紧训练
知己知	提供实践，教练新人

团队管理遵循的两个原则：

①团队管理中对人的重要手段是沟通，而沟通由信任开始。管理者应牢记，不能够"不教而诛"。

②管理针对的是行为，不能诛心。

秦汉唐给刘浩宏打了个电话。"兄弟，我也离开了。"

"哦?! 你干什么走啊? 未必还敢把你开了?"刘说。

"哪能，我自己辞的，想换换空气，对了，你现在工作怎么样?"秦说。

"我还能怎么样，老婆养着呢! 你知道我这些技术离开咱们公司去其他地方哪里有用武之地啊?"

"喔，还闲着呢? 那好。好好过个春节，我们节后见面详谈。"秦汉唐撂下了电话。

节后两人见面，很快达成一致意见：自己开公司。秦汉唐随后又联络了以前很早的同事张朗和一个业务上的合作伙伴白超，大家一拍即合，共同创业，成立了"创一流科技有限公司"。

可是，业务并不像他们之前预想的那样乐观。原来的大客户都转交给了公司的销售。秦汉唐并不想去和他们抢生意。而除了白超之前的一两个老客户，他们这段时间跑的小客户基本上都不大有希望。秦汉唐把白超和张朗招呼到了一起。

"老白，我们这段时间跑了不少客户，但是效果不佳啊。你也是老销售了，说说看，问题出在哪里呢？"秦说。

"真让我说啊！"白超看了秦汉唐一眼，咽了咽口水。"老大，你不急我可急啊！原来那些优质大客户你关系那么好，但是又不让碰，你不去我去也可以啊，你也不让我去。现在跑的这些小鱼小虾的，你说说哪是理想客户吗？你是专业的销售出身，你说说购买力都没有，怎么可能关单嘛！"白超看见秦汉唐皱了皱眉，马上又转口说道："你也是，以前那么拼命干啥？有购买力的都被你做了90%，还好剩下还有10%给我做。"

秦汉唐抬了一下眉毛，笑了笑。"兄弟的拍马屁功夫见涨！你说的对，我们目前跑的这些小连锁店确实购买力是有问题。一台条码打印机加上扫描仪就要好几万，并且，原来没有技术人员，至少还要配一个，再加上每个月的耗材，一年确实是很多成本支出的。"

白超看得到了秦汉唐的认可，接过话说。"你看我们是不是应该多看看其他行业？"张朗在一旁也赞许地点点头。

"之所以我们先跑零售业，是因为这个行业你熟我也熟。"秦汉唐看着白超说。"其他的行业我之前不是没有分析过。交通、仓储、运输、物流、航空、制造业、金融……凡是有可能用到 Auto ID 的我都仔细分析过。甚至公安证件的二维码我都去沟通过。"秦汉唐又看了看张朗，接着说。"交通、铁路和航空，就那么几个大头都被我以前做了，现在交到小邓他们手里了。其他的仓储、物流都暂时还不成气候。制造业的那些外企你们都知道，也交回给小邓他们了，没必要零和博弈。国产的这些大厂，现在大多忙着转制的转制，破产的破产，信息化不是当务之急。金融证券这块，我有个老大哥很熟，应该说下半年会有好几家大的券商入驻，我会盯着。不过我担心的是眼下。"秦汉唐环顾了一下大家。"我们眼下要先让公司转起来，必须得不断地有现金流进来，不能光指望大项目。流水不腐，户枢不蠹，生意不嫌小，只要天天有。"秦汉唐看着白超。"白超，你说是不是每天都有无数的商品在商店里销售给消费者呢？"

"是啊！"白点点头。

"那么你认为他们上条码是不是需求呢？"秦问。

"当然是啊，不过很贵嘛！"白说。

"是啊，贵啊！"秦重复了一遍。"那要是我们不让他们买呢？"

张朗很诧异地看着秦。"不让他们买？"

"你的意思是让他们租？买不起车租得起嘛！"白超很

快反应过来。但马上又觉得不对。"租的话多长时间收回成本啊？我们现在的资本才能买几台机器？能租给几个客户啊？就算小邓他们给咱们最低的折扣也便宜不了多少啊！租金也低不了多少！这个不像车，就是租几天，哪个客户不是得天天用？"

"是啊是啊！"张朗也明白过来，附和道。

秦汉唐向前俯了一下身体，调整了一下坐姿，很神秘地看着他俩说："要是既不让他们买，也不让他们租，白用还能挣钱呢？"

白超和张朗面面相觑。"你不是急糊涂发烧了吧？不烫啊！"白超抬手摸了摸秦汉唐的额头。

正巧这时，刘浩宏推开门进来。

"什么情况？"张朗催促着刘浩宏。"老刘赶紧说说。"

刘浩宏看着秦汉唐。"说吧。"秦示意。

"前两天好德福的技术部给我打电话，说机器又坏了，小邓他们老是搞不定，给维修费让我帮忙去修修。"刘说。

"好德福每天的消耗量多大啊，他们的那几台机器费死了，早该报废了，干脆让他们买几台得了。"白超突然意识到，不好意思地看看秦说。"哈哈，又要抢小邓他们生意了。"

"老白啊，你要注意啦！生意生意，老像你这样做，做成死意啦！我们还要团结小邓他们。眼下还需要和他们进货不是？人家毕竟还是整个中国唯一的货源不是？不是什么仗都可以打的，能不打仗解决的，就尽量不要打仗，风物长宜放眼量哈。"秦汉唐说完，转过头看着刘浩宏。"你继续说。"

"嗯。"刘浩宏喝了口水，继续说。"我一边帮他们修机器，一边按照你的吩咐，和小张小朱聊天，你知道他们每个月的量有多少？"

"多少？"秦问。

"保守地估计，一个月至少50万张。"刘说。

"他们亲口跟你说的？"秦追问。

"不是，是我保守估算的。他们告诉我，目前基本上每天至少要打两个小时，每个月都有促销日，至少加班3天连轴打。我按照他们的机器型号计算打印速度，保守估计的。"刘浩宏自豪地说。

"嗯……"秦汉唐思考了一下。"我记得他们以前是两台机器吧。现在几台？"

"还是两台。"刘说。

"每天打两小时，是两台一起打，还是只打一台？"秦问。

"呵呵，这个我问了，都是两台一起打，除非另一台坏了，那就另外一台一直打，所以要我马上去修啊！"刘说。

"很好，回头我在另外的途径了解一下他们实际每个月的标签采购量是多少，这个更准确。对了，你和他们主任说了吗？"

"嗯，修完机器我就找主任去了。主任还感谢我来着，骂小邓他们那帮白痴。说给我签字支付维修费。"

"直奔主题！我们的模式你和他说了没有？"秦打断他说。

"说了。你猜他什么反应？嘿嘿……"刘浩宏卖了一个关子。

"什么模式？什么反应？一个月50万张老秦你是要卖标签耗材吗？不是也抢小邓他们生意？"白超迫不及待地说。

"呵呵，老白你别着急。听他说。"秦转过头看着刘浩宏。"别卖关子，快说，什么反应？"

"主任想了想，大笑起来。说肯定只有秦的脑子想得出来这招。"刘浩宏大大地恭维了一下秦汉唐。"他说这样当然好啦！这样替他们节约了多少成本啊！而且也省了底下很多人手做别的事。他问我们打算收商家多少钱一张标签？我说不知道，让他问你。"

"嗯，这就好。你告诉他，我们的打印质量会远远好于他们现在的打印机吗？我们用工业级的打印机。"秦问。

"说了，他说会汇报给上面的经理。不过这个事他做不了主。"刘说。

"我知道他做不了主，只要他不反对我们就好！上面的电话我会去打的。"秦汉唐说完，转过头看着似懂非懂的白超和满脸茫然的张朗。

"兄弟，明白了吗？"秦微笑道。

"有那么点感觉，你详细说。"白超很真诚地看着他。

"OK！"秦汉唐坐直了身子，靠在椅背上。"你们知道，现在国内80%的商品都还没有EAN13国际商品标准条码。所以大部分本地商品进好德福后，都要由店家自己编一个店内码，打印好后贴上，才能正常走POS终端扫描销售。"

白超和张朗狠狠地点了点头。"嗯，是。"

"像好德福这样规模的全球性店家，上万的供货商，几十万个品种的商品，每天这么大的销量，现在这块成本是很大的。"秦继续说。

白超好像有点明白地点点头。

"但是，这块成本如果分摊在所有的供应商身上，就很分散了。"秦说。

"哦，你是说每个商家自己打好贴上。但是这和我们有什么关系呢？我们卖给每个商家一台打印机？这可多了去了。"张朗乐道。

"什么呀！商家不会愿意花这么多钱买打印机的。我明白了。老秦的意思是，我们替商家打。老秦我没说错吧！"白超得意地望着秦汉唐赞许的眼睛，继续说。"我们让好德福把所有的商家赶到我们这里来打印标签，商家自己出钱。所有商家的商品在进店前，先到我们这里把条码标签打好贴上，才能进店。这样可省了好德福的事了。"

"谁让人家店大呢？"刘浩宏抿着嘴说。

"哈哈，我明白了！"张朗恍然大悟。

"那是啊，这哪里是印标签啊，这简直是印钞票啊！老秦想好一张标签收多少钱吗？"白超兴奋地问道。

"还没有。"秦汉唐微微笑道。

"我算算，一个月50万张，我们收他们1毛钱一张，他们有4个店，一个月就是20万，一年240多万啊！"白超兴奋地叫道。

"不能这么定价哈，我们卖给好德福5分钱都不到，哪能坐地起价就翻着跟头上呢？这个事交给我吧。"秦汉唐镇定地看着他们说。"老白你的任务来了。"

"你说。"白超举手敬起礼来。

"呵呵，稍息。"秦笑着道。"你的任务是，把这个模式推广到所有规模小的连锁店。有没有信心完成任务？"

"保证完成任务！"白超高声答道。

"这下放你出去，店多了，需要人手吗？"秦笑着问。

"嗯，我想想。"白超思考了一下。"先给我个 3 ~ 5 个吧。"

"好的，我来帮你招。"秦说。

一个月后，一个雨天的下午。秦汉唐百无聊赖地坐在会议室里。安排好面试的人迟迟未到，电话过去以后，竟然说因为下雨今天就不来了。气得他狠狠地拍了一掌桌子，手到现在还生疼。

今天一共安排了 10 个面试。从上午一上班开始，有迟到的，有提前打电话来请假的，竟然还有这种干脆就失约的。就算是来了的几个，也让他直摇头。这样的情况，已经持续一个月了。

搞定了好德福以后，白超自己往外跑得欢实。他就一直在看人，起码约了有 100 多人来应聘，有时候，面人面得他都想发吐。这期间，唯一看上的还不错的一个，嫌他们给的太少，而对方的要求，又让他最后还是犹豫了，决定再看看。直到现在，就给了白超一个看起来朴实一点的应届生。因为是农村出来的，他觉得比较质朴，虽然啥也不会，但是很勤快。

下一个应聘者的面试还有 20 多分钟，他准备去刘浩宏的标签打印室看看。

搞定了好德福以后，秦汉唐就向小邓订了两台工业级的高速打印机。开始还打打停停的时间很富余。后来，随着四个店的业务都转过来，以及白超陆陆续续从小商家拉来客户后，两台同时开足，竟然每天总有很多商家排着队直抱怨。于是，他又向小邓增购了一台。

"浩宏，怎么样?"

"嘿嘿，这些天看你招聘面试太辛苦，就没打扰你。你猜猜到现在主任他们店过来多少了?"刘浩宏的眼里泛着兴奋的光。

"多少?"秦问。

"超过 80 万张啦! 80 万啊!"刘重复一遍强调说。"看来我当时是保守了啊。不过其他 3 个店没总店这么多，但是 4 家店总量已经接近 200 万张了!"

"嗯，老白那边呢?"秦汉唐心里默算了一下，200 万张就是 14 万的收入，他后来把价格定在 7 分钱一张。

"嘿嘿，老白那边的客户别看不集中，但是零打碎敲的，也有七八十万张啦"刘兴奋地说。

"很好，加油!"秦汉唐盘算了一下，按照这个速度，就算保守估计，3 个月下来打印机的成本就回来了。"我的应聘者来了，你先忙。"

"回见!"

"回见!"

　　下班了。这一天的面试，最终还是没有一个人入他的法眼。手机在办公桌响了两声，他还未从会议室起身。这一个月来的面试实在是让他有点疲惫。

　　拿起手机，来电显示"黄兄"，让他精神大振。

　　"哎呀黄兄，您来得太是时候了！"秦汉唐冲着电话直嚷嚷。

　　"搞什么名堂！电话响这么久才接？"黄兄假作生气。

　　"不好意思，我刚才人机分离，在会议室。"秦说。

　　"哪里会议室？"黄兄问。

　　"不好意思，没来得及给您汇报啊！对了，后来我辞职了，您应该知道，现在自己开公司，不过暂时还是做原来的老行当！"秦汉唐快速地说着。

　　"你刚才嚷嚷说什么我来得是时候？"黄兄问。

　　"哎呀，就是啊！传道授业解惑啊！"秦笑道。

　　"少啰嗦，直奔主题。"黄兄道。

　　"招人啊！招不到啊！人力资源问题。"秦汉唐直截了当道。

　　"今天没有太多时间和你说，就是问一下你的情况。我之前给你的邮件看了没有？"黄兄问道。

　　"看了，不过说实话没太仔细。"秦很不好意思。

　　"回去再好好看看。"黄兄说。"我给你个电话，你记一下。"

　　"好的，等我拿支笔……您说。"

　　"134－3832－6001……"

　　"嗯，我重复一遍，134，3832，6001"

授之以渔我收网

"姓雷，HiBoss 公司的，很著名的人力资源公司。我们长期合作的伙伴，有事情你可以咨询他。"黄兄说。"提我就好。"

"好的，太谢谢您了！真是及时雨啊！"秦道。

黄兄笑道。"我这段时间要出国去，你联系我就写邮件。下次有机会我去你那里，我们再好好聊聊。"

"好的，好的。"秦高兴地说。

"回见！"

"回见！"

手机里响起了黄兄挂机的嘟嘟声，秦汉唐没有动，看着面前的便签。喃喃重复道："雷，HiBoss，嗨，BOSS！呵呵，有意思！"抬起头来，看着窗户上反射着自己模糊的模样。"嘿！老板！"

"呵呵。"秦汉唐忍不住自己都笑了起来，一天的疲惫似乎一扫而光。他拿起手机，很顺利地拨通了便签上的手机号码，对方听说是黄兄的朋友，很客气，两人约定后天晚上 8 点，一起喝茶坐一坐。

晚上回去后，秦汉唐把黄兄 3 个月前的邮件翻了出来，仔仔细细、认认真真地把附件的内容读了又读，拍着自己的脑袋直骂自己蠢。为什么当时没在意，草草地浏览了一下，附件都没认真打开看完。

这封邮件，是关于管理团队过程中，对团队人员能力认知的标准问题。如何从态度、技能两方面主观、客观地给出科学的判断。其中的精彩部分尤其深刻的是，对行为结果的满意度评估——结果导向！他回忆起上次和黄兄的谈话。虽然当时简单地对知人的方法，对知己知有个了解，但是也仅仅是知道这么回事而已，说不上会，更谈不上熟练运用了。尤其是，自己本来就不知道的事情，往往就熟视无睹不敏感。如果没有师者指导，还真的是一直保持这种不知己不知的状态呢。

经过这次认真地学习以后，秦汉唐明白对自己没有经验的领域，没有经过专业训练的领域，要时刻保持一种谦虚谨慎的态度，多和专家交换意见，反复比较才能真正有所觉、有所悟。他也为自己为何没有及时联络黄兄，没有认真阅读邮件做了自我反省。

第二天，秦汉唐在面试应聘者的过程中，就把昨晚现学的一些知识运用到了面试沟通中。尝试着从态度和技能两方面全面了解应聘者，这样，他顿时感觉思路清楚了很多。虽然大部分人的态度和技能还是不能令他满意，但是他对自己能够开始比较清醒地给他们做出有标准的判断，还是觉得大有裨益。

次日，他没有再安排面试，而是去拜访了一下好德福的全主任和他的上司，对他们的合作致以感谢并带了两个小礼品给他们。下午，他独自跑到书店逛了一下午，边看边给自己挑选了几本关于人力资源的专业书。然后，早早地到了晚上和雷先生约好的茶楼，随便点了吃的和茶，吃完后，边喝茶边看书边等着雷的到来。

8点整，一个穿着整洁的西装、身材魁梧的人上了茶楼，边走边打电话，同时秦看见自己的手机动了起来。他知道就是他，没有接电话而是举着手里的人力资源书招了招手。雷一看见就笑了。径直走过来，伸出手。

"你好，我是雷尚彬。"

"雷老师，您好！我是秦汉唐，黄兄的朋友，您叫我小秦就好。"

"客气，你吃过饭了吗？"雷寒暄道。

"我就在这里吃的，您呢？"秦答道。

"我从一个客户那儿来，本来留我吃饭，我看时间怕来不及，就直奔这来了。"雷说。

"哦，那您就这里赶紧点点儿吃的，他们的套餐还不错。"秦关切地说道。

"嗯，好的，我们边吃边谈。"雷一边翻着菜单一边说。"哎，服务员，给我来份东北水饺吧。一份几两？"

"3两。"服务员答道。

"好，赶紧下锅。"雷抬起头看着秦汉唐。"秦兄有什么需要？看看我是否有机会效劳？"

"您客气了。我就是在公司招人这块有些困扰。"秦汉唐直奔主题。

"您的意思是招不到合适的人？"雷顿了顿。

"对。"秦答道。

雷尚彬很认真地看着秦汉唐，问道："那么你认为什么样的人是合适的人呢？"看到秦在思考，他又补充道，"或者说，你需要什么样标准的人呢？黄兄说之前和你沟通过有关人的标准问题。"

"黄兄之前给我发过关于人的能力标准的邮件，你说的就是会熟精通那个吧？"秦汉唐担心自己又犯想当然的错误，又证实一下。

"嗯，没错，就是这个。那么你认为什么标准的人是你觉得合适的人呢？"雷又一次追问。

"当然是精通的人最合适啦。"秦汉唐似乎一下子了然于心。

"哦，那么现在的情况是……?"雷停住刚拿起的还套着纸袋的筷子，侧头看着秦。这时，饺子上来了。

"您赶紧吃，别饿着了。"秦说。

"呵呵，你要不要也来二两？"雷客气地说。

"不用。"秦笑了笑。

"好，我先吃啦，你别管我，继续说。"雷尚彬边拿饺子蘸着醋碟边说。

"好的，现在的情况就是，我招了快一个月了，但是合适的人还没招到，我需要至少3~5个，但是现在只到位了一个，还是应届生，说实话，按照这个标准，我觉得他也不合适，很多东西都不会。"秦汉唐一股脑地把情况和雷说着。"这一个月我面了100多号人，现在可是让我非常恼火。还不如去多做几个客户呢。"

"吼吼，一个月面了100多号人，你可真够能干的，那一个月基本上都干这个了。"雷咽下嘴里的饺子后说。

"可不是。效率太低了。"秦说。

"呵呵，效率其实不低，就是效果太差。"雷说，秦点了点头。"那么，这100多号人中，你面过的最好的标准能达到什么水平？"雷接着问道，然后夹起一个饺子送进口中。

"嗯，让我想想，很多在我看来，都属于不会的。有那么一些做过一两年，算会销售的。有一个我觉得还不错，有3年经验，业绩也还可以，算熟吧。但是要的薪水太高，我没答应。"秦汉唐回忆道。

"哦。"雷尚彬抬头看着秦，把饺子咽下后问道："对了，你们现在招的这个岗位，你预算的是什么样的薪资水平？销售是有提成的吧？"

"是的，销售的收入组成都差不多。底薪加提成，年终完成业绩有奖金。"秦答道。

"你一年要求的 quota 是多少？ sorry，业绩是多少？"雷问道。

"呵呵，quota 是 50～100 万吧；实在不行做个二三十万先开始也行。"秦笑答。内心想着，quota 是个多么熟悉的东西啊。在原来的公司天天念着这个。

"对了，你刚才还没有告诉我你的薪资预算呢！咱们做个假设。假设一个销售，一年完成50万的业绩，你给他的年收入是多少？包括底薪、提成和奖金。其中底薪多少？提成多少？"雷为了让秦听得更清楚，放慢了语速问道。

"假设完成50万业绩啊。"秦汉唐默默地算了算，"完成50万的销售人员，年收入应该能有5万吧。2500的底薪，一年3万，销售额3%的提成是15000，加上年底完成业绩1%的奖金5000，嗯，没错，年收入5万。"秦汉唐肯定地说。

"也就是说，你对目前这个岗位的底薪预算是2500？年收入完成业绩能有5万？"雷尚彬再一次和秦汉唐确认。

"嗯，是的。"秦点了点头。

雷尚彬将前倾的身体挺了挺，伸了伸腰，坐直了起来。正视着秦汉唐，说道："你能告诉我，你们这个行业做得最好的人一年的业绩吗？也就是你刚才说的精通的那种。我听黄兄说你以前就是 top sales 哟。"

"呵呵，我以前自己做销售的时候，一年 quota 500 万吧。当然不是第一年，是最后一年。之后我做销售经理带团队了。第一年开始我也做 200 万啊。"秦汉唐说道。

"哈哈。"雷尚彬突然笑了起来。秦诧异地看着他。

"我知道问题出在哪里了。"雷说。

"哦，出在哪儿了？您说说看。"秦很认真地倾听。

雷尚彬理了理头绪，认真地对着秦汉唐说："第一，是资源问题。你刚才说你面的人最好的那个你也就认为是个熟的水平，也没有达到精通。说明虽然你面了 100 多号人，但是似乎这个群体不是你期望的精通群体，这样的群体在我们的库里是有的，但是多半都在各自的岗位上做得不错。那么是需要猎头去挖的。你应该接触过猎头吧。"

"呵呵，不好意思，还真的没怎么接触过。我听说过，也有点了解，但是在你之前还真的没有正式接触过，您算第一个吧。"秦笑着说。

"哦，你这么优秀的人，没有猎头找上过你？看来，市场空间还很大啊，空档很多啊。"雷笑道，"我们说回来，第一，是资源问题。你的公司新，目前还没有太大的名气，这很正常。"雷喝了口茶继续说，"第二，是标准问题。前面的资源问题是客观存在的。而这个标准问题主要出在你身上。请恕我直言。"雷直视着秦的眼睛。

秦汉唐没有回避，认真地说："没问题，您尽管开诚布公，就是希望能够得到您的指点。"

"你看，最开始，你和我说，你认为最合适的人是精通的人，对吗？"雷问道。

"对！"

"刚才你又告诉我，按照你的水平，精通的人能完成500万的业绩，或者至少是200万的业绩，对吗？"雷又问。

"对！我是这么说的。"

"OK，那么方便告诉我你500万业绩的时候年收入是多少，底薪是多少吗？"雷尚彬看秦汉唐没有说话，继续问道，"或者说你一开始做200万的时候收入是多少？"雷尚彬不等秦汉唐回答又继续说："再或者，你问问自己，你做500万业绩的时候，另外一家公司要聘请你，要出什么样的待遇你才去？"

看见秦汉唐凝视着茶杯认真思考，雷尚彬知道他似有所悟。继续说道："你肯定现在有了一个统一的标准，作为精通销售的业绩要求标准，和作为精通销售的收入标准，以你自己为参考。对吗？"

秦汉唐点了点头。

"那么，给你2500，就算给你3000一个月，你会去吗？"雷尚彬微微笑着，默默地看着秦汉唐。

"我明白了，雷老师。"秦汉唐摸了摸后脑勺，"您是说，我用会熟标准的薪水，想招到精通的业绩标准的人，不匹配对吗？"秦汉唐没等雷尚彬搭话继续说："甚至这个薪酬预算标准连熟都谈不上，最多是基本，so so。所以，当我遇见那个我还有点满意的熟手时，人家肯定不接受这样的待遇。"

雷点了点头，没有打断，继续听他说。

"也就是说，我现在想招聘精通的人，其实是不合适的。至少以我自己的标准换位思考，这个收入标准是绝对不合适的。哈哈，我一开始还想着我能做500万，多找几个像我这样的，很快公司就几千万了呢！"秦汉唐眉飞色舞地说着自己当初的设想。

雷尚彬仍旧微笑着静静地看着秦，继续听着他说。

"雷老师，你看我是不是应该回去重新规划一下，我需要的到底是什么样的人？需要做什么样的工作？可能暂时还不需要精通的，只是熟手就好，甚至态度让我满意的，就算不会，我们多带带，就像黄兄邮件里给我说的，任何人都是从不会到会，由会到熟，熟能生巧，由精到通的。这个过程，我们带人的自己多走几遍——不是连我们自己也是从不会带人到会带，从会带到熟练的带，再到精通的带？"秦汉唐似乎一下就学会了举一反三。

雷尚彬点了点头表示赞许。说道："你确实很有悟性，一点就通，黄兄没有说错。关于精通的标准，你应该也是做了有10年销售了吧。除了你自己的经验，你可以去看一下一万小时定律。"

"岂止，15年了，呵呵。"秦汉唐答道。

"那就是了。就我们的经验，精通的人都是很贵的，但是贵有所值。比如你刚才说业绩做50万你给年收入5万，你自己原来做 500 万，我不知道你能不能拿到 50 万年薪啊。就算有，缴完所得税，你的比例也比那 50 万业绩的少很多哈。"雷说。

"嗯，那当然是的。所以我本就想找精通的啊。物以类聚，人以群分嘛！哈哈！"秦汉唐自我表扬了一下。

"不过你们现在新公司刚开，这样的成本太大，所以时机不适合。"雷接着说。

"嗯。"秦点了一下头。

"所以，你要回去重新根据你想要布置给他们的任务和目标，规划一下什么标准的人合适，并把业绩和收入标准统一。"雷尚彬说。

"嗯。"秦又点了一下头。

雷接着说："另外，听黄兄说你学商科、经济学、金融出来的，很专业的……"

"哪里，都是自己瞎学的。"秦汉唐微笑地客套着，但内心还是很受用的。

"呵呵，你是专业人士。你是否要考虑一下机会成本啊！"雷看了秦一眼接着说，"你定好标准，我们来帮你找，你最后拍板，把你自己一个月的机会成本，也许一半甚至 1/3 就能找到啊。"

"呵呵，你说的有道理。你们猎头怎么收费的？"秦问道。

"这个行业一般都是 3 个月的薪水，当然要看是什么类的人。一般这种都是三星的熟手。要是四星五星的精手通手，那有的可能要半年的薪水，不过你懂的，这也值得，边际效益大嘛。"雷很自信地说道。

"你说得对。确实是这么回事，关键是不能付出精手通手标准的薪水，得到的却是熟手甚至不会手。"真正说到关键处，秦汉唐还是很挑剔地说了一句。

雷尚彬没理会他，"呵呵，怎么会，你现在不可能也没必要预算精手的薪水啊。并且，我们推荐的人，最后用不用还是要过你这关的。你的行业能不能做，你肯定心里有数啊。再者，不是还有试用期嘛！"

"我们其实只是帮你们节约大量的时间成本和你们可能浪费掉的筛选成本。就像你刚刚花掉的一个月的时间，而且还没有招到合适的人。"雷接着说，"你放心，如果你要熟手，我们可能给你看个 8～10 个就能选出 3～5 个来，不过，你不要再像上次那样错过了。当然，这块我们会协助你促成的。"

"嗯。"秦汉唐用舌头抿着嘴唇答道。

"那好，那我就等你的标准喽。你看什么时间？"雷说。

"尽快哟，已经过一个月了，我 3 天内，不，明天晚上就给你。"秦果断地说。

"好，就这么定了！明天晚上我把合同也给你。还在这儿？"

"好嘞，谢谢雷老师，以后还要多讨教啊！"秦汉唐伸出了手，两人握在一起。"没问题，共同成长，我还有很多要向你学习的地方哦。"

两人互相道别。

判断态度与技能的方法：人的标准
（案例解析2）

请思考您的理想客户的问题。

在第一个案例中，我们介绍了如何知人的方法。通过深入沟通，判断对方知道如何做，还是不知道如何做，如果对方不知道，利用这个过程让对方知道自己并不知道，从而学之。

而对于对方知道如何做的，我们又如何判断他做得好还是坏，好到什么地步？双方对结果的评判标准是否一致呢？

这就是本案例重点要解决的问题。

对人的技能，会、熟、精、通的标准判断问题。

任何人，从生下来第一声啼哭以后，就开始了成长和学习的过程。而这个初始的状态，就是什么都不会。比如，就吃饭而言，没有人天生就会用筷子。所以，任何人的初始态，都是不会。

第一种状态——"不会"

然后，我们的父母亲人开始教我们，锻炼我们的手指抓握力量等，训练我们从用勺子吃饭开始，早的两三岁就开始接触筷子，晚的4、5岁在幼儿园中班左右的时间也开始使用。在不会用筷子的时候，我们自己吃饭会有什么样的结果呢？哇，满脸满桌子的菜、饭粒，衣领里、袖口里到处都是啊！浪费粮食啊！"犯罪"啊！没错，当我们不会的时候就是经常"犯罪"。

有一天，我们成功地挑起一根面条送进了嘴中，满面笑容，充满自豪。因为我们会使用筷子啦！对于孩子来说，这样一个由不会到会的过程是比较漫长的，老外确实想学的话，最慢也能在 3 ~ 5 天就学会使用筷子。所以，任何人都不是天生就会的，有一个不会到会的过程。

第二种状态——"会"

当我们会使用筷子以后，我们基本就可以自己独立吃饭了。父母也不会再捧着碗喂我们了。可以说，我们已经掌握了独立进食的基本技能。

随着年龄的增长，看似没有教练，但是天天都被"饥饿"和"食欲"驱使的我们很快就能很熟练地使用筷子啦！

任何事情，只要你天天练，没有可能做不到"熟"这个标准。当然就使用筷子而言，只是很多人都是不知己知的状态而已。但是，当任何好吃的出现在眼前，"吃货"们便忍不住希望夹一筷子。同样的，在工作中，对一个你看重的很熟练的下属，你也会抱有更多的期望的。

第三种状态——"熟"

就使用筷子的技能而言，恐怕这个社会上 90% 的人——甚至 99% 的人到这个程度也就足够了。那么有没有用筷子用得很"精"的人呢？

"长沙发展太快了！"埃里克感叹……在长沙工作近两年的时间里，埃里克不仅喜欢上长沙的美食，还练就了纯熟的筷子"绝活"——夹花生米。埃里克很喜欢吃醋泡花生，但对于一个外国人来说，用筷子将花生米一粒一粒夹起来可不是件容易事。半年前，埃里克和长沙朋友吃饭时比赛用筷子夹花生米，结果他速度惊人，大获全胜。对于诀窍，埃里克说很简单："熟能生巧。"

瞧瞧，还是个外国人。说得多好啊，"熟能生巧"！而生出来的这个巧，就是"精"。

想想看，辛苦一天，回家喝点小酒，夹起花生米，那个"满意"劲甭提了。

第四种状态——"精"

技能从熟到精，可以说是一个新的高度。这个社会上，不会的人很多，会的人也很多，熟练的人也不太少。当然，就使用筷子而言，因为天天用，夹花生、夹玻璃球的精手还是很多的。还有很多从事饮食行业的，面店里挑面的小工，家里用筷子打蛋的主妇等等。而大部分其他工作，干的比较"精"的人，则绝对是少数。

第五种状态——"通"

翻开字典，通者，无阻碍，可穿过，能达到；懂得，彻底明了；普遍、全……

我的脑海里突然出现了一幅画面。在历史的某个瞬间，一位年轻人站在竹林边，手持着竹棍，嘴里念念有词。他在做什么？——格物。他是谁？——阳明先生，王守仁。

竹子，筷子，棍子……

是啊，筷子不就是根棍儿嘛！拿来用就是。可以吃饭，也可以夹玻璃球。大学的宿舍里，长发美女同学刚洗完澡，翻遍了床上床下也没找到发卡，突然室友递过来一根筷子。哈哈，

"惊喜"！拿来盘头发。

网上还有拿来测评你未来职业的。哟，竟然有人拿来算命开运。真让我"惊喜"。

阳明先生其实如果学习一下计算机二进制，也许当年就不会格竹子格的生了几天大病了。有价值有用就是1，反之则是0。管他什么竹子筷子棍子车子房子凳子银子天王老子凡夫俗子老子孔子孟子庄子……

这个世界上，工作能够做到"精"的已很少。而能够精上加精，精益求精做到"通"的，就更是凤毛麟角。

熟能生巧，什么可以生"通"呢？

这，还真是一个好问题。

其实每个人都曾经有过通的时候，也有不通的时候。通的时候举一反三，不通的时候思堵壅塞。老子说，有无相生，难易相成，长短相形，高下相倾……

是的，有难才有易，有阴才有阳，有0才有1，有堵才有通。

堵了就不通，不通不通，不能生通啊！

其实，我们先不用关心如何达到通的水平。我们可以看看"通"能为我们带来什么样的价值。

鼻子堵了好几天，睡觉都失眠，突然通了，那个"惊喜"啊！

离家很久了，一直没有联系家乡的父母，突然良心发现，电话通了，父母那个"惊喜"啊！

"各位驾驶员朋友们，我要给各位带来一个"惊喜"，在公安交警、消防官兵的紧急驰援和奋力扑救下，前方隧道内小货车与油罐车相撞引起的大火已成功扑灭，中断了28个小时的高速公路已全面抢通了！"身心疲惫的驾驶员和迷迷糊糊的乘客，突然听到收音机传来抢通的消息，那个"惊喜"啊！

所以，在企业管理的应用中，一方面，都会在工作前，主观地通过自己的判断，大致地评价员工是会，还是熟，抑或是精通。

另一方面，我们可以根据工作后的结果来判断工作者的能力水平。如果一个员工的工作成果经常给你带来惊喜，那么这可是你企业的宝贝，应该为他拓展舞台和空间，以通才的标准培养。因为他肯定是一个很善于举一反三、触类旁通的人；如果一个员工的工作你是满意的，态度上也认真，那么说明他的能力水平是比较精的，至少在这个领域是专才；如果一个员工，尤其是年轻的新员工，工作虽然还不能达到完全满意的标准，但还是觉得有所期望，那么说明他已经熟练地掌握了技能，还是及格的，但还须更加认真磨练，关注细节，及时总结，才有可能熟能生巧。

当然，也有很多新员工，对待工作只是去做了，你问他会不会，他说会。但是做的结果不要说满意，你连期望都没有，只是做了而已。就像在某些旅游景点的餐馆吃饭，你点什么上什么，但是难吃好吃就无所谓了，也就仅仅是个上菜而已。你肯定不想再次光顾。

对于新人，如果技能上如此。比如在面试中，应聘者告诉你，这项工作我很熟啊。作为面试者的主管录用后，发现工作的结果真的只是 so so 的话，我们还须评定，他的态度是让你满意的还是有所期望的，如果态度也只是 just so so 的话，作为管理者的您，这样的员工还过试用期留着的话，估计您的企业就仅仅是个基本的样子存在而已。

还有的企业，有的员工从来没有接触过销售，既不培训也不考核，毫无经验就干，根本不会去拜访客户，怎么不被拒绝呢？那可是对客户的"犯罪"啊！餐馆不可能让不会炒菜的下厨，医院不可能让不会看病的出诊。同样，企业不可能让不会销售的拜访客户！

顺带强调一句，我们如果不会领导管理，是否也是对员工的一种"犯罪"呢？

但是，管理者也可能不知己不知，还认为自己很精通管理呢！那么，是否自己以为精通，实际就是精通呢？

判断的方法还是有的。刚才讲过，我们将管理看作一项服务，面向的就是员工。所以，我们可以问问我们的员工是有惊喜啊，还是满意啊，还是有所期望啊，还是嗯嗯嗯……

当然，作为管理者的您，很有可能并不能及时得到真实的答案。只有当您看重的那些，工作上经常给你惊喜、让你满意或让你期望的员工，将一份辞职报告递交到你的面前时，你才恍然大悟。但此时领导管理肯定是出了大问题！

也许有读者问，絮絮叨叨说这么多，不就是会熟精通嘛，我早就知道了。还有什么更高的水平没有？能给我们带来什么？

通过刚才的这些文字，至少很多原来并不了解这个标准的读者，现在对会、熟、精、通的标准应该很熟了罢。俗话说得好，一回生二回熟，也许您多看几遍、多读几声就离熟能生巧更近了呢。

然后，我要告诉您的是，还真有更高级别的水平能力哟！

第六种状态，称做——"神"

就像您现在突然感觉到您的后脑勺，被我拿筷子敲了一下似的。那肯定是一种"难以置信"的感觉哦！

现实中，这种现象也还是经常存在的。当你看到一些难以置信的事物时，忍不住就会赞叹，"神"了！在历史上，战神、股神也还是层出不穷啊！

好了，我们还是回到人的工作吧。让我们用更易于理解的图片来熟练深入地掌握。我们同时还可以用打分的方式更量化地评估。让我们一起采取举一反三的方法。

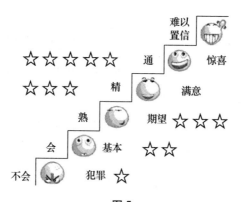

图 5

注：以上图形中部分内容，受 Ron Kaufman 先生的演讲以及杜书伍先生的《将才》启发，特此注明并感谢致敬。演讲英文原用词为犯罪（criminal），基本（basic），期望（expected），满意（desired），惊喜（surprise），难以置信（unbelievable）。

• 态度与技能	• 结果	• 评估分值（5 分制）
• 神	• 难以置信	• 6
• 通	• 惊喜	• 5（满分）
• 精	• 满意	• 4
• 熟	• 期望	• 3（及格）
• 会	• 基本	• 2
• 不会	• "犯罪"	• 1

图 6

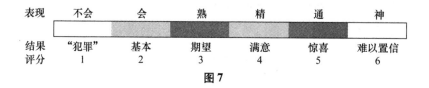

表现	不会	会	熟	精	通	神
结果评分	"犯罪" 1	基本 2	期望 3	满意 4	惊喜 5	难以置信 6

图7

　　在以上三图中，图5通过台阶和星级评定，让读者对量化评估技能有个直观的理解；图6适合有些易于理解纯文字的读者；图7通过在体育竞技中类似于空手道这样的技能评估，从黄带、绿带、蓝带、红带一直到黑带，便于理解。

　　事实上，对于评估类似人的态度和技能这种变量很大的事物，在很多领域的标准都是相通的。除了从表现和结果主客观两方面评估以外，我们还需要定期地不断反复比较，就像定期体检一样，不能幻想一次评价就一劳永逸。因为，人是会变的，就像您自己的身体状况也会变化一样。偷懒的后果有可能是很严重的。

　　从经营的角度讲，除了评估人的技能，您还可以评估自己所在企业和整体市场水平。对于某些新生领域，都有个从会到熟，熟到精通的过程，也许在初期你们自己也才会，但是市场上除了你们，没有别人会，那么市场也是你的。而有的传统领域，你可能说我们已经做得很熟啦，但是很多比你精通的竞争者的存在，也会让你举步维艰。

　　所以，对比竞争者，你只需要比他们做得更好！别人不会时你会，别人会的时候你已经很熟练，别人才熟练的时候你已经很精通，甚至经常有难以置信的表现。那么胜利肯定是属于你的！

　　在秦汉唐把销售的人力资源工作，外包给雷尚彬的 Hi-Boss 以后，创一流公司很快建立了一个崭新的销售团队。

雷的团队在招聘、试用期入职引导以及培训等方面的章法、工具和技能，确实远远精通于自己这样的初创新公司。有些方法甚至自己以前想都没想过。虽不至于难以置信，但肯定是惊喜连连。秦汉唐很庆幸少走很多弯路，边看边学也感觉受益匪浅。后来黄兄过来看他父亲，他很是铺排招待了一番，以示感谢，那是后话。

而且更出乎意料的是，原来 HiBoss 一位很职业的美女项目经理——雷尚彬手下的得力干将萧可，因交付实施创一流的 HR 项目和秦汉唐工作中有所接触。偶尔听萧可无意提起，准备要孩子、要照顾家庭什么的，不想继续在 HiBoss 干下去了，因为上下班距离太远、太耗时。

说者无意，听者有心。秦汉唐赶紧和雷尚彬协商联系，与其要走还不如走到我这里，反正我们这离她家近。雷是明白人，交通问题是就业选择中的一个主要问题。便做了顺水人情，还帮秦做了一下萧的工作。这下好，踏破铁鞋无觅处，得来全不费工夫。萧可在交付完该帮他们招聘转正的新销售后，顺利到创一流公司报到，主管行政人事。

经过严谨的考核，顺利度过试用期的销售们，在白超的带领下，迅速把创新的条码打印服务业推广到市场的每一个角落。随后，秦汉唐又拿下证券业的几个大单。张朗的表现也很出色，成功地与改制后的国企水电仪表厂建立了合作，使该市所有的水电表，都用上了他们的条码标签，公司的业绩稳步地成长。

然而，人无远虑，必有近忧。秦汉唐很清醒条码打印服务的好日子最多 3 年就到头了。因为国家法律政策已经明令所有的厂家3年内商品必须使用商品码，印刷在外包装上。那么到时候除了一些生鲜和现提供包装的食品，标签的市场需求将大大萎缩。

并且，现在市场上已经有跟随者出现，看到这块业务现金流挺好，也买来打印机和他们低价抢生意，有的小标签甚至降到了3分钱。而且，这背后还有上游厂商冯总和小邓的支持。

因此，他将这块业务完全授权给刘浩宏管理。而两三年以后的日子怎么过？未来的商机在哪里？是自己找一些机会做最上游的厂商？还是继续寻找一些好的产品做代理，积累资金再图长远？这些，才是他眼前最关心最重要的问题。

边走边看边选择，摸着石头过河的同时，秦汉唐也不敢懈怠，不断地充实自己，向书本、向老师、向伙伴学习，拓宽眼界，增长见识，更新观念。

他知道，在中国要做好一个企业成功率是很低的，大部分的民企都很短命。而之所以短命，正是因为这些看似智慧的创业者，都愿意去做那些看起来成功概率高且机会大的事情。

秦汉唐是个独立思考的人。他明白，简单地从众，迷信那些看起来正确的科学道理，其实是很不科学的。根据数学概率论，低于千分之一的概率就认为几乎是不会发生而不去争取机会的话，那岂不是世界上的每个人都应该不存在？每一个人，都是战胜了亿万个竞争者而生存下来的。

因此，他将视野更多地放在那些别人不敢做，别人不

授之以渔我收网

想做，和别人做不到的事情上。

两年的时间很快就过去了。这期间，秦汉唐研究了不少业务和商机，但是他是个审慎的人，并没有盲目地深涉。因为他知道机会成本的重要。然而，机会终将是留给有准备的人的。

"什么什么？和 MS 公司竞争？还国产软件？老秦你不是疯了吧？"张朗嚷嚷道，白超在一旁默不出声。

很显然，当秦汉唐告诉大家他想做国产的永山办公软件时，大家基本上都是持怀疑态度的。

前几天，秦汉唐在参加证券行业的朋友聚会时，无意听到其中有个人和朋友诉苦，说一个多月前就跑过来了，都找不到一家愿意接招的代理商。秦问了一下朋友，得知他是苏海市的一家国产软件厂商的销售丁总，做什么国家政策扶持的永山office软件，和国际垄断巨头 MS 公司竞争。

诞生了世界首富的 MS 公司，在市场上的占有率恐怕是前无古人、后无来者了。除了盗版以外，98% 的市场垄断占有率让政府都头疼。然而曾经强硬地成功拆解了石油巨头和通讯巨头的美国政府，终究到现在也没把这个软件巨头拆掉。

"这不就是别人不敢做、不想做和做不到的生意吗？"秦汉唐对自己说。

"你想要成为什么样的人，你先要和什么样的人为伍。和世界第一同台竞技的机会，可不是随时都有的。"秦汉唐心里默默地念着。

"国家为什么要政策扶持啊？"他默默地自问自答，"还不是出于信息安全的考虑和不能让一家独大没有选择？"

"嗯。"他很果断地结束了思考，立刻通过朋友引见，和永山软件的这位管销售的丁总交谈了起来。两人从硬件聊到软件，从国外聊到国内，从市场聊到销售，从合作聊到竞争，甚至都聊到如何战胜 MS 的战略战术，聊到把 MS 的老板从世界首富的位置上拉下来。郁闷的丁总与他沟通甚欢，大有相见恨晚之意，恨不得立刻就把代理合同签掉。

然而秦汉唐还是准备过几天再说，他要冷静地和自己的团队多交换意见，反复比较。他提醒自己要时刻保持理智，对企业负责，急事宜缓办，免得忙多出错。所以并没有现场承诺丁总，只是答应考虑几天。

"你说代理软件我不反对，这是新兴行业。但是我们是否考虑找个强势的品牌呢？"白超试探地说。

秦汉唐想了想，问道"你觉得什么样的厂商算是强势品牌呢？比如？……"

"比如，像 MS 啊、联想啊这样的品牌，都是强势品牌啊。这个软件听都没听说过，品牌度也太弱了啊。"白超说。

"呵呵，人家找我们。你说 MS，人家看不上我们。OK，你说联想算强势品牌，我承认。但是，我想要说的是，联想现在是强势品牌，那么10年前呢？15年前呢？那时还代理 IBM 呢吧。"秦汉唐顿了顿，环顾了一下几位，继续说，"我的意思是，任何强势品牌，一开始也不是强势的，MS 也是两个人从小做起来的，都有个由弱变强的过程。你们现在看到的强势品牌，等你看到时机时已经不是你的，就像股票涨过了，你才看到它涨，而我们应该在底部介入。你们说，对吗？"秦汉唐用期许的眼光看着大家，萧可、白超和刘浩宏都暗自地点了点头。

"那你接下来打算怎么开展？"白超问。

"你问到点子上了。"秦汉唐向白超笑了笑。"还是老销售啊。这两天，我花时间了解了一下国家政策。软件盗版非常猖獗，国家已经明文下达反盗版的指示，只是还没有具体措施。不过我认为至少在大方向上就有保证了。"秦汉唐看几人都认真地听着，继续说，"MS公司自己也在不停地打击盗版，比如一些知名企业、上市公司什么的。我们可以跟上，提供另外的选择。在价格上我们有绝对优势。还有，就是我通过一些朋友了解到，因为中美贸易、政治等各方面因素，国家很有可能为了改善内外大环境，首先开始政府的软件正版化。"秦说。

"但是我们和政府行业以前没有打过什么交道，不熟啊？"萧可接了一句。

秦汉唐微笑着看着她，"10年前，我和你也不熟。这你不用担心，谁生下来和自己的父母都不认识。人嘛，都是自己去相互认识的，这些事情交给我们销售去办。并且，很重要的一点。因为永山丁总目前的情况，我有把握说服他拿给我们独家，而且至少3年。"秦汉唐转过来看着白超说，"这就是你说的弱势品牌的好处啊！"

大家都笑了起来。

"老大，你说接下来怎么办吧？"白超很干脆地说。

"嗯，你们大家都没意见，我们就把合作意向先定下来，这样免得丁总再劳神费力了。然后我们分头尽快做一些调研，政府我和萧可来攻吧，老白你跑跑大企业、上市公司。浩宏你帮我侦查侦查 MS，找找行业内的朋友，什么信息都收集一下，知己知彼，百战不殆嘛！"秦说。"另外，我得回去翻翻毛选了，研究研究怎么以弱胜强。"

大家都开起了玩笑。"打垮美帝！"

散会以后，秦汉唐拨通了丁总的电话。说他本人还是很想支持他，但是其他股东意见分歧很大。说这个生意不靠谱，疯了才和 MS 竞争，而且市场上都用盗版，国产软件没啥前途。丁总急了眼，说有什么条件尽管提，务必帮他做做其他股东的工作，而且签个代理也没什么伤害，也没有业绩要求。

秦乐了，安慰了一下丁，说给他两天时间再做做其他股东的说服工作。实在不行就给他签个意向合作协议，回去也好交差云云。

两天以后，丁总满怀感激地揣着和秦汉唐的独家代理协议回去了。丁总恨不得把整个大区都交给他，而秦只要了自己熟悉的 3 个省，丁总要求签 5 年，秦想了想，比较实事求是地签了 3 年。

临走前，丁总说了个消息。说是他跑中央部委，有传闻年底前国务院就会发文，政府全面铺开正版化，所以他这么急找合作伙伴呢。一个多月前跑过来，中间还去了 7、8 个省，就落实下了 4 个，这算第 5 个。落实的 4 个里有 3 个还是 MS 的代理商，让他觉得很不可靠。现在还有很多省等着落实呢，老秦这 3 个省就拜托了。

秦汉唐嘴上埋怨着丁总不早说，让他赶紧落实中央部委文件的准确时间。一边开始思考，接下来的工作开始怎么规划。

当天晚上，秦汉唐让白超把触角从企业市场收回来，再抽调两个人协助他全面先摸清楚三省政府市场的情况。

3 天以后，丁总来了电话。说中央部委确定了，基本 9、10 月份下文件，要求年底前全部做完，最迟到春节。节后全面检查。秦汉唐看了一下日历，急了。"丁总，到 9 月份只有 3 个月了，年底 6 个月。我的区域有 50 个地市州，220 多个县啊，你让我怎么跑？"

"秦总，我也急啊。我还有好些省没有落实呢！问题是中央的事情也不是我能控制得了的啊。肯定 MS 通过美方施加了很大的压力。咱们抓紧吧，您的区域我就拜托你啦，能做多少做多少吧！"丁总说完就急匆匆挂了，不知道又在往哪儿赶。

"白超，在哪里？……嗯，还好没走远，你的几个人呢？……嗯，嗯，好，立刻通知他们，今天下班前全部赶回公司，开紧急会议！……什么事这么急？要打仗，别问了，回来说。"秦汉唐撂下了电话，走到萧可的办公室。"你下午和我一起去趟省里。"

晚上 7 点，创一流公司的会议室。

"各位，今天把大家都叫回来，是因为有紧急的任务，有仗要打啊！对手是你们大家都知道的 MS，你们怵不怵啊？"秦问。

"不怵！"大家颤声说。

"我怎么听着这声音有点怵啊？"秦又问。

"不——怵——！"大家齐声高呼。

"好，既然不怵，那就要我们能打硬仗！"秦挥了挥拳头。

"不过，情况是很紧迫很严峻的。"秦环视了一下大家，接着说，"下午我去了一下省里，和前段时间认识的负责同志作了一些深入地沟通，他们虽然在内心是支持我们国产软件的，但是从政府采购来说，不能够从省里单独把我们推荐下去，对所有供应商必须一视同仁。"

未等秦汉唐说完，底下就有人躁动了起来，"这算什么啊，自己的政府不支持自己的国产？"

"政府采购法如何规定那是全国人大的事，不是他的职责范围，多说无益。"秦挥了挥手打断了他。

"我们还是说点务实的吧，大家听我说完再讨论。"秦接着说。

"目前的情况是，从公平的角度说，要推荐就要所有品牌都推荐，要么就一家都不推。我之前考虑了一下，MS 名气比我们大多了，很多人都没听说过我们，所以全部都推荐比一家都不推荐对我们有利。并且中央应该已经有采购目录，省里只是传达下去而已。摆在面前的现实问题是，因为分级财政的原因，每个县的财政是有自主权的，所以最后决定选择谁，是县里面自己定。"

大家都点点头，表示明白。

授之以渔我收网

　　"根据丁总目前的消息，9、10 月发文，年底就要采购完，最迟春节前要安装完迎接检查，留给我们的时间是很紧迫的。"秦顿了顿，继续说，"而我和白超统计了一下，我们目前整个区域有 50 个地州、220 个县。每一级财政都是自己采购，也就是说我们总共有 270 个目标客户。"

　　大家互相看了看，有点面面相觑。这时，白超接过话来说："目前咱们团队之前抽调两个人不够。我和秦总商量了，除了留着老刘在原来的老客户身上，你们 4 个全部调到这个项目上来。再加上秦总、我、张朗，和咱们部门 4 个，一共 7 人，平均每人 39 ~ 40 个目标客户。萧可在公司帮助协调。"

　　"那么从现在开始，到 9 月份还有不到 3 个月。"白超接着说。

　　"确切地说，是 55 个工作日。"秦汉唐补充了一句。

　　"嗯，55 个工作日。"白超重复了一遍，"也就是说，每人 39 个区县，每天跑一个县是绰绰有余的。"

　　"我们去每个县跑 3 个地方，主管的县级领导，财政的采购部门，和主抓这次项目的负责部门。就说 3 件事，告诉他们我们的存在，告诉他们我们更便宜，告诉他们我们国产更安全。有需要就演示一下。"白超很简明扼要地布置着任务。"下面我们把区域划分一下，明后天先全面收集信息找到关键人，并电话预约拜访，大后天出发，必须见到人，最好是主管的县领导。"

　　分配完区域和名单，又详细交待了一下具体沟通的脚本，散会以后已经晚上 10 点了。

"你先别太乐观，每天跑一个县，可能挺紧张的，像我们有车还好办，没车的销售只有赶中巴和大巴，有些偏远的县，坐车就得一天啊。"秦汉唐会后和白超说。

"那这样耗时的，我们就放弃？先跑近的？"白超说。

"这要辩证地看，对我们远，对 MS 也远，人都会偷懒，所以我们早一天到达可能更有戏。尤其是偏远山区的购买力有限，我们的优势更大。"秦认真地说。

"嗯，那就顺着一路跑下去，发扬我军一不怕苦，二不怕死的精神。"白超笑道。

"你看要不要扩充些人手啊？office 是通用软件，产品培训应该很快。"白超接着问。

"是啊，要是能借些人过来就好了，这个事情明年春节后就结束，不知道什么时候又开始呢，短时间人手急缺。"秦分析了一下说。

"你说的就是劳务派遣呗，我明天问问老雷。"萧可在旁插话道。

"好啊，等你好消息。"秦对萧笑了笑，然后大家各自回家。

第二天，很多销售反馈电话联系到县里的有关部门，很多人都说不知道这回事。不过他们都按照昨晚预先准备好的，告知他们可以向省里了解，这次下去拜访主要是因为国产软件名气小，先建立个联系并留下印象。另一个好消息是得知县里的人基本上都没有接触过 MS 的人，说明我们走在了前面。事后了解，其实 MS 早就知道时间进度，只是因为代理商众多，这时候忙着分地盘呢。

第三天，所有分工的区域全部联系完了，基本都找到了相关负责的部门、人名，但是有近50%没有直接找到本人，多次电话，不是开会就是不在办公室，手机号码也不给。秦、白两人决定按照预先安排，次日和联系到的客户东南西北各个线先跑出去，边跑边联系。每天晚上大家电话会议。

次日，出发。

晚上，电话会议。

整体反映还不错，大家都在离省城近郊的区县，有的还见到了主管县领导，均表示如果年底中央要求完成这个事情，肯定得完成，会考虑支持国产，如果要做的话，财政资金在办公费用里，应该能挤出来若干等等。不过大部分还是说等见到有关文件再说。

并且，有个别区县已经遇见友军，有些MS的代理商已经开始做工作了。

又一日，继续跑。

暴露问题如下：电话会议缺席肖毅新，手机没电了，因路上都在电话联系所负责区域之具体关键人，到达该县后，先去负责部门见关键人未果，开会去了，拿到手机号码。随后见到财政采购部门并了解采购流程，又短信反复联系会议中的具体部门负责人，让其改日再来，考虑到往返更浪费时间，肖遂在政府大楼外死等；还有李秋杰所去县的主管领导下乡了，并且会议中断断续续，信号不好。会议效果不佳。

3 天过去了，7 个人已经跑了 24 个区县，秦汉唐自己跑了 4 个，白超跑了 5 个，其他人都是每天一个县的平均速度推进。从数字上看似乎还好，但是秦汉唐知道，李秋杰去的 3 个县有两个都没和关键人见到面，只是要到了号码，知道有他这么个人，估计两天后就没印象了，等于白跑，随后必须再去。

并且，秦汉唐清楚，随着越来越往外走，交通、通讯状况都会越来越不理想，按照这个速度，等到各地接到中央发文开始组织采购，这边所有的区域还没有跑完一遍呢！更何况，蜻蜓点水的跑一趟，效果如何呢？

刘浩宏那边，倒是提供了很有价值的信息。整个他们的区域里，MS 分配给了六家代理商，总共有接近 40 人的销售团队跑这个项目。"基本上我们得以一当六，再多点就以一当十了。"刘似乎还很自豪，似乎恨不得对方再多 30 个人。

熟读历史的秦汉唐知道，以一当十那是神话，以多胜少才是客观。他想起了八一南昌起义后的部队。220 个区县，加上 50 个市州，对方是每人看 7 个县左右，从现在到发文还有近 50 天的时间，每个县对方每人至少有 7 天时间做工作，比较了一下己方，形势很严峻啊，他有点着急。

看来，要想打赢这场仗，还有很多细节要筹划好。秦汉唐整理了一下思路，简单列了一下目前重要紧急的任务。

授之以渔我收网

然后，拨通了萧可的电话。

"人的问题怎么样?"秦直入主题。

"我和雷总沟通了，关于劳务派遣的方式，目前国内主要是针对制造业工厂的用工，比如富士康这种。在销售行业几乎没有，并且他们也不做那些低端的社保外包什么的业务。不过他过了一下手里的资源，正好有两个熟手刚巧闲着，本来想休息一段时间再做职业规划的，但听老雷说和 MS 竞争做项目，机会难得，人家还挺有兴趣，你是长用？还是让人家打短工啊?"萧说。

"如果大家意气相投，长期一起发展没什么不好啊!"秦汉唐说，"我什么时候能见到他们?"

"我初步联系了，他们目前都不忙。"萧说。

"那好，我明天还要到金口县见他们的县长，争取晚上回到庆川市，你帮我安排后天上午 10 点吧。"秦说。

"那么后天 10 点一个，另一个 11 点?"萧说。

"嗨，又不是面试，10 点两个一起来吧，老雷推荐的人不会错。对了，他们叫什么?"

"一个是女的，叫吴美玲，另一个男的，叫林礼周。"萧答道。"好的，你把简历发我邮箱，晚上有时间我熟悉一下。另外，我们谈妥后你给雷总把这俩人的款付了哈。"他又提醒了一句。

秦汉唐刚刚拜访了金口县主管这项工作的陈副县长，正准备离开去新闻出版局再详细地了解一下细节。在这里，他发现了一个新的情况。

陈副县长很坦诚地告诉他，金口虽然不是贫困县，但是财政资金也不比那些富县，所以去年没有预算项目，是肯定没钱的。就算中央要检查，恐怕县政府最后也只能让各个单位局委办从自己的办公费里面挤。各单位自己出钱，所以用什么品牌肯定就是各委办局自己选。当然，县里肯定欢迎目录上的所有商家都来，给各单位更多的选择。

秦汉唐出来后头有点大，各单位自己选，就意味着一个县4大班子五六十家单位都要一个个工作做到。而如果我们不一个个做到的话，多半各单位都没听说过我们，那么规避风险的最好办法就是直接选MS的产品。

自己目前这点人手，一个县五六十家单位，要是多几个县的话，跑到猴年马月啊。秦暗自揣度，摇了摇头。这时电话铃响了。

"秦总，这么跑下去，肯定不行啊！销售不给力啊！"电话那边传来白超的声音。

"怎么个不给力法？"

"李秋杰个笨蛋，人走丢了。之前没去过巴阳县，和版权局的人联系了，人家在办公室等他一个上午都没有等到，现在打电话又联系不上他。"白超抱怨道。"还有个情况要和你说一下，肖毅新在广宾发现个情况，县里财政不富余，没有预算，如果要在年底完成的话，就要各个单位自己出钱自己买。"

"这个情况我知道了，我这里也遇见了。不过我准备给县长做工作，让领导小组整体组织起来，我们搞一次培训，几十个单位就都知道我们啦，也好进一步跟进。你那边还有什么情况?"秦说。

"嗯,你这倒是个好办法,不过肖毅新比较倔啊。他也见不到县长,然后他就准备留在广宾一家一家单位的跑,说既然来了就要做透。但是这样搞,后面的县他还去不去了?我让他放下,先往后走。但是他恋战不听啊,说打铁趁热,再回来更耗时。"白超焦急地说道。

"嗯,我知道了,还有什么事情吗?"秦问。

"还有个事情,我比较担心咱们的技术力量不给力啦!"白超说。

"怎么净说泄气的话,又怎么个不给力法?"

"是这样,我今天在宁阳县,和主管的钱主任谈得挺好,他也挺愿意支持我们国产。只是他是个很认真的人。说这个事情交给他管,他就要让上面下来的检查组满意。如果选我们的话,要求我们要保证安装到每一台机器上。我的乖乖,一个县有几千台计算机啊。"白超感叹道,"我说我们会把足够数量的光盘发到他们每个人手里,他们自己就可以安,通用软件很简单。你猜他说什么?"

"说什么?"

"他说他们是小地方的人,素质不高,都不会安装软件,个人安装,弄坏了机器负不起责任。必须要专业人士安装。"白超说。

"咱们技术部这俩人手,怎么可能去帮他们安装软件?安装一套5~10分钟,一小时6~12套,一天算10小时就60~120套,他们一个县不得安装个10~20天。咱们不可能派人去安装啊。"秦边算边说。

"是的，我也说不可能，还说安装起来很简单，他们的人肯定一学就会，回头我们派人专门组织一个培训会。还有他们县政府管信息的人肯定轻松搞定。你猜他怎么说?"白说。

"怎么说?"

"他说政府办的人又不是专门安软件的，不可能。但是他建议我们找个当地的电脑商，把安装外包给当地的商家，每套给个几十到一百的安装费，将来使用中出了问题用户也好找人维护。还给了我两个商家的电话。"白继续说。

"哈哈，原来在这里等着呢!"秦大悟，"是啊，我怎么没有想到呢? 白看毛选了。团结一切可团结的力量，建立统一战线!"秦挠了挠自己的头，继续说。"你怎么回答的?"

"我没现场答复他，你知道涉及到钱的事情，我肯定要先请示你啊。不过我觉得可行，呵呵，说不定那商家是他小舅子!"白超很为自己的判断而得意。

"别乱说。本身这是个好事，顺理成章。当地有安装、交付和维护，对用户、对我们都是好事。毕竟用户没接触过我们，不熟悉，任何技术问题当地能解决，肯定是给政府带来很大价值的，多赢啊! 钱能解决的问题，就不是大问题，你赶紧落实吧。通知肖毅新也这么办。"

"你就听好吧!"白超挂断了电话。

秦汉唐拿出笔记本，在纸上写道: 1. 路线; 2. 人手; 3. 安装维护; 4. 预算、采购模式; 5. 统战。看了看，又把3、4、5调了个次序。

然后掏出电话："萧可，在电脑前吗？嗯，赶紧，帮我搜一下，金口县最大的电脑商家，嗯，就搜联想在金口的代理。好，地址电话有老总名字最好，5分钟内发短信到我手机上。"

两分钟，一条短信发到了秦汉唐的手机上。迅速拨通，简明扼要的预约，老总姓王，正好在。按照短信的地址，他调好GPS径直驾车前往。

电梯间，秦汉唐看着眼前分众的广告，嘴里默念着"给力，给力，……生产力？销售生产力？哇……"他突然掏出手机，记下了屏幕上的电话号码。

很顺利，秦汉唐和金口县最大的联想代理王总达成合作意向。因为当地财政问题，采用分散采购的模式，秦把这个项目的销售权也委托给王总，除了安装，并把大头的利润都给他们。从合作的角度，他知道来日方长。

在安排好刘浩宏第二天就来金口给王总的技术人员培训的事宜以后，秦汉唐开车直奔省城庆川市，明天上午还有两员得力干将要见呢。

通过简历，秦感觉吴和林都是比较有追求、喜欢挑战的人，上午的会晤很顺利，证实了这一点。两人都摩拳擦掌，非常愿意一起打好这一仗，双方就入职、待遇等细节达成一致以后，秦就安排技术部的同事下午给他们进行永山软件的培训。然后他回头和白超商量一下，协调一些区域，重新规划一下路线。

在中午，欢迎两位新人的午餐之前，秦汉唐掏出手机，拨了个电话。然后带着吴美玲和林礼周一边用餐一边介绍一下公司周边的环境，以便他们俩尽快地融入到团队中来。

"秦总，有位姓卢的先生找你，说上午和你约好的？"萧可敲了敲门。

饭后午休了片刻的秦汉唐从沙发上坐起来，"是我约的，请他进来。"

"您好，我是 WASOWA 的卢忠云，上午和您通电话的那位，这是我的名片。"客人说着递上自己的名片。

"好，请坐。"秦一边接过名片一边示意。"萧可，倒点水进来。"

"谢谢。"卢说。

"你们说能够提升销售生产力，能不能告诉我是怎么做的？"秦汉唐直奔主题。

"哦，您是从哪里知道我们的呢？"卢忠云没有直接回答他，而是先缓和一下气氛。他初步判断，秦总是个老虎型的强势领导者。

"我在电梯间的广告上看见的，之前没有接触过。"秦回答道。"能跟我说一下，你们怎么样能帮我们提升销售生产力吗？"秦再一次追问，口气有所缓和。

"好的。"卢忠云答道，端起水润了润喉咙。秦汉唐注视着他放下纸杯。

"简单地说呢，就是通过我们的系统解决方案，提升销售人员的有效行为，从而提高生产力。所谓有效行为，就是执行中那些真正影响到目标结果的行为，足以影响绩效的决定因素。比如，一个销售对客户的拜访数量、拜访质量、拜访路线的规划等等。"卢忠云答道。"那么，您那边的销售是个什么情况呢?"他接着问道。

"你指哪方面情况?"秦问。

"基本情况。"卢说，"比如说，销售主要是面向什么样的客户和区域?"

"哦，我们面向政府。"秦汉唐答道。

"客户是政府的哪一块? 主要销售什么?"卢继续问道。

"我们销售软件给政府，面向所有的政府单位，到县这一级。"秦答道。

"明白。现在有多少销售人员?"卢问。

"现在加上我7个，今天才新到2个，一共9个。"秦答道。

"是直接面向最终用户呢? 还是通过渠道或者合作伙伴?"卢又问。

"目前是直接面向客户，也在寻找合作伙伴。"秦答道。

"那么现在这块，您主要面临什么问题呢? 或者说，您是希望我们能够协助您解决哪方面的问题呢?"卢用期许的眼光看着秦问道。

"嗯，"秦汉唐想了想，接着说，"现在我们跑云阳、湖西和本省，一共50个地州和220个区县。我想要我们的销售在最短的时间内跑完所有的区县。"

"您说的最短时间的意思是……?"卢忠云没有太明白他的意思，一边思考，一边试探地问。

"我们在9月之前必须要把这50个地州和220个区县全部跑完。"秦汉唐顿了顿，把中央发文时间及项目的情况简单地向卢忠云叙述了一下。

卢忠云看了一下手表日历，"那从现在开始，到 9 月只有不到 50 个工作日。50 个地州和 220 个区县，9 个人的话，每人就是 30 个吧。"秦点了点头。

"你们肯定不是光为了跑而跑吧，销售跑过去主要要做哪些工作呢？"卢忠云试着从这个方面了解。"对了，销售现在是怎么跑的呢？之前呢？"卢突然意识到，秦肯定是对之前的跑法不满意，所以转而了解目前和历史情况。

"之前没跑过，就是这些天开始，已经跑了 20 多个县，但是太慢。"秦说。

卢点点头，表示了解，"也就是说，是第一次跑，初次拜访。"秦点点头。

"现在要找的人，单位、地址电话、联络人这些都有吧？"卢问。

"有。"秦答。

"那么现在您觉得是什么原因慢呢？销售是自己开车还是……？"卢忠云又问。

"只有我和销售经理自己开车，其他人都不是。"秦说。"慢的原因主要是人生地不熟，找起来慢，另外就是找政府的人要碰，他们经常开会、下乡什么的，人老是不在。"

"还有什么其他的原因吗？"卢继续问。

"还有，就是有些地方情况复杂，销售人员短时间搞不定，滞留在原地。"秦说。

"那么，竞争对手是怎么做的呢？对了，主要竞争对手是哪些啊？"卢忠云问。

"呵呵,"秦笑了起来,"我们的竞争对手是 MS 公司!"

"啊?! 这么厉害。"卢忠云很惊讶。对秦不由自主地生出敬佩之情。"那他们现在怎么在跑?"

"呵呵,他们啊……他们人多啊! 他们有 40 多个人,每个人就跑 7 个区县,很轻松地跑,可以泡在那里。"秦说。

"哦,那你们这样跑过去,匆匆而过,谈的效果也不见得比得过人家泡在那里啊。您为什么不考虑和更熟悉当地的代理商合作呢?"卢忠云开始站在秦总的角度,换位思考。

秦很默许地点了点头,一下子更清晰了整个的布局、思路以及首要的任务。"是啊,但是代理商在哪儿,这也要跑出来呀。"

"明白了,秦总您的意思是在 9 月之前要用最快的速度,跑完 220 个县,找到当地的代理商作为合作伙伴。"卢忠云帮助秦汉唐总结道。

"嗯,可以这么说。"秦汉唐双眼冒光地说,一下子感觉目标非常明确清晰。

"哎,对了,咱们现在有用销售管理系统吗?"卢忠云一边伸手端起水杯,一边问道。

"你说是 CRM 吗?"卢点了一下头,"没有。"

卢忠云内心暗自一喜,继续说。"那么按照我的经验,假设现在每个销售把自己区域内的政府目标客户,像您刚才说的跑完这几个关键部门以及准备联络的当地意向合作伙伴,"卢顿了一下,"咱们的意向合作伙伴,应该是当地的电脑商，一两家或者两三家。是吧？"

"是的。"秦点头，"比较理想的是当地联想的代理商，一般都是政府的电脑供应商。"

"对！"卢忠云及时地接过来说。"这些信息应该通过网络都能查得到，还有比如当地政府的中标公告什么的。"

秦汉唐一边点头一边说，"嗯，对！"

"这些信息，名称、地址、电话和联系人查到以后，我们录入到管理系统里面，比如说，录入我们的 WASOWA 系统。那么我们就能在地图上很清楚地看到所有目标客户的地理分布。像您指挥作战的地形图一样——雷达。"卢接着说。

"哦，地图？"秦把身体向前倾了倾。

"是啊！"卢忠云边说边掏出自己的手机。很娴熟地打开 WASOWA 系统，一边登录一边说。

"我之前把目标客户都录入到系统里。今天呢，本来我下午是准备在办公室做些案头工作的。上午您电话我下午要过来。那么我既然下午要出来呢，一来一回路上就要消耗很多时间，所以我就要尽量多拜访几家，节约时间成本。"卢忠云边说边把刚登录上的手机页面展示给秦汉唐看。

"您看。那么我在来之前呢，就以您为中心，看一下周边的客户，这里有可能有老客户，有报备客户，也有很多目标客户。那么我就提前联络一下，关键人在的，就顺道拜访一下。这样日积月累，生产力当然大大的提高啊！比如，一会儿您这里 OK，我就要到这家老客户那里去看一眼，联络联络感情，做一下保障跟进工作。"卢忠云点击了一下一个客户的图标，显示出该客户的名称、地址和电话，还有自己到那里去的路线图。

"哦?!"秦汉唐好奇地看着。

"您看，假如您的销售在去一个区县之前，把需要联络的有可能跑的目标客户，都录入进去，即便没有去过当地，那么到了那里，一打开手机或者电脑，整个战场就全展现在眼前，了然于胸。很便于开展独立自主的山地游击战啊!"卢忠云开玩笑说。"您看，可以直接就把电话拨打出去，您刚才说他们大部分都不是自己开车。还可以很方便的查看公交路线图"。

卢忠云看了一下秦总赞许的反应，继续说。"这些东西您在办公室也能够看得到! 您的销售到了一个地方拜访客户，点一下签到，您还可以很清晰地看到他整个拜访客户的线路图。拜访完客户，根据5W1H的原则，录入跟进记录，可以和您保持良好的信息对称分享!"

"什么5W1H?"秦汉唐问道，眼睛继续看着手机，没有离开。

"5W1H就是销售人员的标准记录方法，5W是时间、地点、人物、经过、原因的缩写，H就是下一步怎么做的计划。"卢忠云很职业地说道。

"嗯，你们这个系统怎么卖?"秦汉唐抬起头看着卢问道。

"秦总您是准备要用上吗?"卢忠云微笑着和他进一步确认。

"嗯……"秦汉唐想了一下，"如果各方面合适的话，我会考虑。"审慎地说。

"谢谢秦总认可我们的价值！"卢忠云说。"价格这块呢，目前是两种模式。买的方式和租的方式。"

"哦?!"秦。

"买呢，我觉得比较贵。大公司一般都是财大气粗，比如拥有几百个销售做全国市场甚至全球市场的公司。因为买的话还有硬件服务器啊，还要有专门的技术支持啊，秦总你也是卖软件的，您肯定清楚。"秦没有搭话，卢继续说，"租呢，就是按用户数，月租的方式300元/月，比如咱们9个人的话，2700元/月。要是年租的话，每个用户3300元/年，比月租便宜300元。"

"不便宜啊！"秦汉唐可是老销售了，价格谈判这块是绝对的强项。"一个月2700，一年就是30000多啊。我们是小公司，这样的成本压力太大。"他看卢没有说话，接着说，"而且租用的话，服务器都在你们那里，信息安全怎么保证？对了，你们买是多少钱啊？"秦汉唐准备声东击西。

"买确实不便宜，一个用户标准版23800元吧，您9个用户要一次支出20多万了，还要自己买硬件。对您不划算。"卢忠云很真诚地说。"租的话，我们的服务器在电信，都是云计算中心。您是做软件的，您应该知道这样的信息安全算是最高商业级别的了。对比买软件，至少规避了内部技术管理不慎或者其他原因造成的信息泄露。总的来说，租比买综合信息安全性高。"卢继续说。

"这样吧，你可以给我们先试用吗？上手麻烦不?"秦自知目前对自己最宝贵的就是时间，不想为了这几十万和他纠缠了。"我的销售都在外面，这段时间几乎很少回来的，没时间学习啊！"

"试用没问题，我回去给您申请开通一周。"卢说。"销售人员上手很快。您的销售如果在外面的话，手机版可以自己下载安装，但是要尽快地把信息全部录入进去，电脑会更方便点。"卢忠云很认真地说。

"好吧，我赶紧回去安排试用。"

"好，那么试用没什么问题，一周以后我就把合同拿过来？"卢忠云最后和秦总确认下来。

"没问题。"秦站起身来。

卢也紧跟着站起来，在秦伸出手后，边握边说，"谢谢秦总的信任。今天时间有限，其实还有好多有价值的功能没来得及给您演示呢。您放心，我们一定会让您满意的！"说完，很礼貌的从秦汉唐的房间退了出来。

创一流公司的 WASOWA 系统上线以后，因为秦一直在外，卢第一时间协助萧可建立好账号、组织架构、授权，然后安排公司的文员，花了整整一天，把所有 220 个区县的相关部门，当地意向的电脑代理商录入了进去，打开地图，一目了然。

"老大！"电话那边响起白超兴奋的声音。

"什么情况？"秦汉唐不动声色地问。

"老大，你上的这个系统太及时啦！"白超说，"你知道吗？我这 3 天跑了 1400 多公里，跑了 7 个地州，都搞定啦!"

"哦,怎么个搞定法?"秦笑着问。

"这7个地州咱们的合作伙伴都是代理合作,不仅仅是安装都是当地联想的老大,按照你的政策,我们把大头利润都给他们,他们都承诺没问题,不仅地州,下面县里也不用我跑了,全承包出去了。客户关系都很铁。"白超兴奋地说着,"他们都保证,绝对支持国产,不掉链子。"

"呵呵。"

"我统计了一下,这7个地州搞得好接近40000套啊。"

秦笑了,是啊,兵贵神速。对比起来,WASOWA 系统的成本简直是微不足道。

"对了,WASOWA 系统你抓紧熟悉一下,里面有个报备管理,你务必要求所有的销售,把集中采购的区县报备到系统里,这样我们虽然都在外地,但可以随时保持信息对称,集中优势兵力打好这些歼灭战。"秦汉唐没忘了及时提醒他。

"没问题,根据目前跑的信息反馈,财政富余的话有可能采取集中招标采购的占20%,大概有四五十家吧。我让他们全部报备进来,随时更新并跟进信息。"白超说。

"你放心,每天他们跑的重要信息,我都有批注的!我都看见你的批注了!这下子这帮家伙背后有人啦!哈哈。"白超说。

"不过有个情况你要了解。"白超说。

"你说。"

"李秋杰可能出了点问题,吃不了苦。一上系统马上就看出来了，无所遁形。我准备劝说他自己辞职。你让萧可赶紧帮我找人。"

"知道了。好在及时上了系统，基本的客户信息联络人之前都有，你先把他名下所有的客户信息转移到你自己那里吧。看一下他之前的跟进记录。不过我估计有价值的不多。"

"好的。在没有新人接手之前，我有时间就先逐个覆盖。"

"好，保持联络。"

题外话

● 中央在当年9月底正式发文。

● 创一流公司在之前已经完成所属区域的全覆盖。

● 集中招投标和分散采购陆陆续续直到春节才结束。

● 永山软件最后获得了70%的市场，逾10万套。

● 秦汉唐投资入股 WASOWA 公司。

正和：企业内部信息对称的工具与方法
（案例解析3）

企业管理中信息化的工具就是企业管理软件，从整体企业资源规划的 ERP，到具体的制造业产品数据管理 PDM，从行政办公的 OA 系统，到销售营销的客户关系管理 CRM，现在涉及企业的管理软件层出不穷。但是无论使用什么系统，其本质就在于对信息的处理，基础信息是本。

好的管理系统能向管理者提示平时直观所看不到的一些行为信息乃至组织的现实情况，就好像军事上的雷达、望远镜或科学上的显微镜一样。WASOWA 系统的主要功能从设计上都以此为标准。它们的使用非常简单明确，每一个功能记录一类工作特征。这些基本信息为管理者提供了大量事实和数据，为管理者决策提供辅助的基础。

好的信息系统要点是抓住管理的本质。什么是管理的本质？就是执行中那些真正影响到目标结果的行为，足以影响绩效的决定因素。比如，一个销售对客户的拜访数量、拜访质量。好的管理不一定很复杂，恰恰是那些有明确目的和意义的工作最有价值。管理的关键所在依然是分析团队内人的行为，管理这些行为最后对绩效产生的结果。因此，每个基层人员基础信息的收集、录入是管理好坏决定性的基础。

然而，我们要强调的是，武器再好，武器自己不能消灭敌人，消灭敌人的是掌握了武器的士兵；管理工具再好，管理工具自己不能管理，能管理好的是掌握了管理工具的管理者！

每一个管理者，在选择企业信息化系统工具时，首先要充分考虑到，组织像人一样，信息系统要像人的神经信息系统一样，组织既可以由小到大充分扩展，又能够通过授权职责分明，同时信息通畅，组织信息资源、知识积累可充分透明共享。我们的原则就是要让组织像一个人一样工作。这一点，从使用系统的第一步开始，就要奠定好基础。所以，要求我们每个管理者，在主观意识上，都要将人放在第一位。没有人的存在，企业就不是企业，事业就停止了！

我们都知道，销售队伍对于一个企业来说，就是一线的作战部队。我们提供的产品和服务，是用来和其他竞争对手竞争并占领用户市场阵地的武器。新客户是我们准备行军作战的区域的话，老客户就是我们的根据地。

对于中小企业而言，生存发展必须要掌握的就是独立自主的游击战，游击战的精髓，一是游，就是要舍得跑，行动迅速；二是要击，就是敢于竞争，集中优势力量，在强大的对手面前也敢于竞争。做到这些的前提是地形熟悉，也就是对当地的市场情况了然于胸。其基础就是市场、客户的基本信息。

所以我们选择系统工具不宜复杂，以一线用户易于上手、易用为宜。最重要的就是让这些关键信息一目了然，便于领导管理者和使用者掌握。在本案例中，秦汉唐很清楚什么最有价值。

老客户管理（根据地建设）与销售记录

除了新开张的企业还没有老客户，大部分接触软件信息管理系统的企业都已经有了多年的经营，而积累下来的老客户是公司最大的一笔财富。我们很多企业在这一点的管理上，都有所忽略。我们的原则是，如实记录下每一个成交过的客户信息和资料，如实记录下每一笔交易的记录。

曾经有个故事就说到了国外企业的品牌和售后服务：武汉的一座桥的大桥管理局，在1991年接到了一封英国的来信。信来自一家老牌的建筑设计所，信上说，这座桥设计于1921年，设计寿命是70年，到现在，桥已经进入危险期，希望业主进行报废拆除处理。故事的原意是体现人家设计所的品牌意识。而我们可以看到的是，基础信息的管理至关重要。想想看，70年是三代人了，现在发信的人一定不会是当年的设计者。也许，就是哪天这个设计所搬家，不经意掉下来有关这座桥的设计档案来着，正好赶紧通知一下。不过，没有这些基础信息，谈何通知呢？

可以说，没有基础信息的管理，再好的渔者也只能浑水摸鱼。这些客户的基础信息工作，在现在有计算机管理的今天，就成为了一项基本工作。只是，需要用系统整合起来，而不是散乱着在每个个体那里。

目标客户管理（拓展新客户的雷达、地形图）

同样的，每一个企业都有自己要面对的市场和客户群。我们要求销售团队将目标市场的目标客户信息，完整详实地记录在目标客户管理系统中。

在这里，我们特地使用的名称是"目标"客户，就是强调整个销售团队的目标感，有别于传统的潜在客户称谓。目标客户市场就是我们准备作战的阵地，是我们和竞争对手抢夺的阵地。未来面对的将是血淋淋的白刃战和你死我活的零和博弈。所以目标市场的客户信息越详实、越准确，就等于我们的地形图越清楚，我们的雷达越灵敏。

红军之所以能够在井冈山生存下来，也正是源于对当地的地形熟悉，并且占据了制高点和要冲。

真实的销售管理中，因为销售人员流失而造成的客户信息数据流失非常普遍，就像阵地失守被敌人突破一样令人扼腕。案例中通过 WASOWA 系统，非常简洁的操作就完成离职员工李秋杰客户信息的移交和新员工换防，对我们的价值是很大的。

自动化销售流程和项目报备管理

有了足够多目标客户——也就是目标市场，剩下的就是我们如何将这些阵地变成我们的根据地。这个过程就是我们说的销售过程。

如果说销售工作就是作战任务，销售流程就是销售指挥官的基本章法和套路。中国在军事方面早几千年就已经掌握了练兵之法，也就是科学地复制作战的技能；而在科学、制造和商业方面，却一直有所欠缺。即便到了21世纪，我们的高等教育也在这个方面依然非常欠缺，查询百度百科，好像开了销售管理专业的大学不过十多所。当然，这和客观现实有关，有几个大学教授有过销售经验呢？又凭什么纸上谈兵地去教育更是一张白纸的学生呢？但愿，我们能够填补一些空白。

过去，我们经常听到的说法是，销售是门艺术；在我1992年进入中国大陆第一家推销员学校培训时，老师告诉我们，销售是科学加艺术；而到现在，我们更愿意说，销售是门科学，因为它是有章可循的，是可以通过培训达到满意程度的。就像军事一样，我们说带兵、练兵和指挥都是科学，而战争中的运筹帷幄是个艺术；商业中，销售、带销售和销售管理也都是科学，而营销策划是个艺术。

回到销售流程，1992年我第一次接受职业化的销售培训时，销售流程划分为A、I、D、A四个阶段，我们的学校叫"爱达"由此而来。这四个阶段分别代表引起客户注意的Attention，引起客户兴趣的Interest，激发客户购买愿望的Desire，促成客户行动的Action。而销售管理专业进入到本世纪，因为信息化的发展，在销售管理上我们又有能力做到更加的专业化和精细化。

比如，在 WASOWA 系统的 SSF 系统化销售流程中，我们不但可以自己命名和定义我们销售进展的每个阶段，还可以根据经验量化每个阶段的成交可能性，更好地进行过程控制。这就是我们很多销售管理者都很熟悉的销售漏斗。

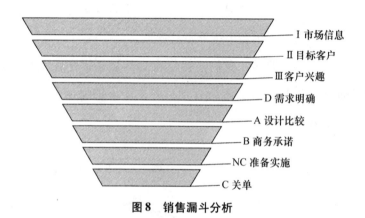

图8 销售漏斗分析

在 WASOWA 系统中，我们目前将销售阶段命名和定义为：

成交可能性	阶段名称	简单定义
0%	I 阶段	目标市场信息
5%	II 阶段	经过处理的情报
15%	III 阶段	经过接触，客户兴趣
30%	D 阶段	客户需求明确
50%	A 阶段	有实际行动，设计比较
75%	B 阶段	商务承诺、好处价值
90%	NC 阶段	准备实施关单

图9 销售漏斗分析

以上仅仅是我们目前自己针对机构目标市场制定的销售流程标准，管理者可以通过各个阶段准确客观的定义，判断销售在每个跟进项目上的实际情况，并制订对应的销售跟进活动。简单地说，销售流程的定义，就是我们销售管理活动中的基本军事术语。

然后，我们对符合各个阶段的销售项目进行及时的报备管理，便于企业整合资源，避免冲突和浪费，尤其是对于覆盖面大和有代理商队伍的企业，销售项目的报备管理尤为重要，可很好地避免内部杀价和串货等不良竞争。

当然，除了漏斗，我们还提供直观的数据饼图让销售管理者全面地掌控局面，了解所有项目各个阶段的比例分布，来更好地规划我们的战场。

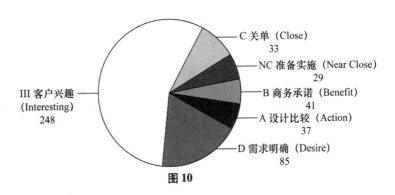

图 10

需要注意的是，再好的工具，基础信息的真实与否，全面与否，连续与否，都是和最终销售管理的成果息息相关的。而销售人员养成良好填写信息的习惯，至关重要。

以上案例，我们和大家一起分享了关于企业销售武器——销售管理系统的一些信息。希望给各位读者的企业带来价值。不管您是选择 WASOWA 还是其他系统，请记住，整个工具的设计，一切以高效、易用为最基本的标准。同时要考虑到我们的企业在实施、应用上的时间成本，是否能够大幅缩短。因为对企业来说，时间就是金钱。有组织地节约时间等于为企业正面地创造财富。

关于信息系统的一些误区

我们很多企业的决策者，在考虑选择和上线一些信息化业务系统时，经常有一个困惑，就是上很多系统，最好还是一个系统把所有的业务管理完。

在这点上，很多软件商家和所谓的专家建议，可以说是非常可笑的。当这个客户已经选择了某个商家的某个业务系统时，该商家就建议出于兼容性和整合的考虑，一个企业最好整合到一家（他们家）系统上，因为这样该企业就可以获得源源不断的订单；而当这个客户已经选择了别的商家某个业务系统时，该商家多半就会建议在自个的业务系统中体现他们的优势，当然也琢磨着把前面选择的系统如何踢出局。似乎，所有的软件厂商，尤其是一些巨头，都是全面竞争的。他们不但引领概念，还创造概念——对自己竞争有利的概念，不断地给用户"洗脑"。

如何判断，用户一定要有自己的独立思考。辩证地看待这些"专家"的建议和意见。比如，"信息孤岛"肯定是要引起重视的，但是不是像想象的那么可怕呢？思考一下，一个健全的人，体内有多少套系统在同时运行呢？神经系统、循环系统、消化系统、内分泌系统……一个人都可以同时存在这么多的系统，为什么一个企业所有的系统就要只选择一家呢？事实上，有的软件厂商是做财务系统出身，精于财务业务；有的软件厂商是做制造业出身，精于制造业业务；有的软件厂商是做销售出身，精于销售业务；有的软件厂商是从高度战略的规划出身，精于整体的企业资源规划业务（ERP）。每一个企业的业务模式不同，有的需要的就是库存管理、进销存业务，有的重点则在客户管理和收费计费方面。

所以，用户一定要清醒地认识到，信息化的选择就是把现有的业务，利用计算机和网络整合起来，做到更规范、更透明、更有效。并且利于管理和不断的优化，提高效率，产生效果，提高生产力。这就是信息化系统的基本作用。那么，对自己业务的清醒认识才是本，计算机信息化是手段，不是目的。

从这个角度上看，哪个系统能够让我们的组织节约更多的时间、资源（时间是企业的巨大成本），哪个系统能为我们的业务创造更大的效益，哪个系统就是我们的企业、我们的组织真正需要的。

自我总结

你是否使用过有关企业信息化管理的系统工具？你的印象是什么？

你认为功能多是否意味着功能强大？你喜欢使用功能多的工具？还是简单易上手的工具？

你认为上一个信息系统工程和一个装修工程有什么不同？

销售应用篇

本章重点介绍一线基层销售人员的态度和技能，以期将前面的理念、武器工具完整地结合起来。

引 言

在上一篇中，我们问大家，是否你有了网，学会了撒网收网之法，就能打到鱼呢？答案是否定的。

渔之法，并不仅仅是使用网，首先要学会判断哪里有鱼，哪里无鱼，哪里鱼多，哪里鱼少。这和工具无关。在理念篇中我们讲到的 SWOT 分析，是判断我们是否适合在此地"钓渔"的一些基本方法。

我们还问大家，上一个信息系统工程和一个装修工程有什么不同呢？

我们很多人自己的家庭都搞过装修，从选材、设计、施工到交工，最后住进去。这样的传统项目工程，我们称之为"资源消耗型"，我们关心的是工期和质量。而一个企业要选择一个管理工具的 IT 信息化项目，又通过什么来评估质量呢？

在这里，我们把 IT 信息化项目称为"知识转移型"。传统项目的工期是可控制的，质量是可见的、可检验的、可度量的。而管理信息化 IT 项目的"质量"，则必须与运营结合起来，才能得出有价值的结论。这其实是大家都理解的 IT 项目的价值，不能仅仅通过"建设"来体现，而必须通过应用来衡量。因此，本篇应用篇才是最重要和有价值的，因为，应用系统的是千差万别的人。

很多企业最后上线了很多信息系统，这些系统不可谓不"强大"，不可谓不"功能完善"，但是并没有真正很好地应用起来，甚至于受到广大应用者的抵触，就在于并没有考虑到真正的"知识转移"给应用者。从这个角度而言，每一个系统首先应该考虑的就是这个系统的使用者是什么人？他们的目标和任务是什么？如何帮助他们完成任务达成目标？

就目前的 WASOWA 系统而言，我们的应用者是企业的老板、销售经理、基层销售人员和与销售业务有关的人员。我们的目标就是帮助他们更好地管理、更有效地管理。而销售的任务就是创造顾客！所以，我们要发展有效的行为！

本篇还可作为一线项目型销售的基本销售技能教科书。

第一章　基层销售工作

　　什么是销售？恐怕很多从事销售工作的人在做销售之前，都没有仔细想明白。最普遍的认识是：销售就是卖东西呗，卖得多就能赚钱多。

　　上网输入关键字，百度百科记录如下：销售，是创造、沟通与传送价值给顾客，及经营顾客关系以便让组织与其利益关系人受益的一种组织功能与程序。

　　销售就是介绍商品提供的利益，以满足客户特定需求的过程。商品当然包括有形的商品及其附带的无形的服务，满足客户特定的需求是指客户特定的欲望被满足，或者客户特定的问题被解决。能够满足客户这种特定需求的，唯有靠商品提供的特别利益。

　　还有这样的定义，销售，一种帮助有需要的人们得到他们所需要东西的过程。如果抛开商品这个仅针对商业而言的定义，广义的事实上我们每个人都是销售，政治家要销售他的政策和主张，应聘求职者要销售自己的人力资源……

　　因此，如何让双方各取所需，彼此感到满意，形成一种双赢的局面，就是一种艺术了。所以，"销售"可以说是一种"双赢的艺术"。

不过，我们在这里更多的想讲一下销售科学这方面的知识。

基层销售就是指处于一线直接面对客户的销售工作人员。很多创业者基本上都干过一线销售的工作。从查找新客户的信息，联系拜访，直到最后签回订单，交货验收回款，进行售后服务，变成老客户后再采购……就是这样一个周而复始的过程。如果没有很好地理解销售过程，就很难成功地管理好销售团队。

为了便于大家理解和针对性更强，我们首先要在这里就一些基本观念达成共识。

营销和销售

一个企业内部，不同的人对待销售的看法是不同的。如果拿销售和军事来对比的话，对于公司的决策者而言，销售和营销是战略层面的问题，是关于如何树立品牌形象，并实现企业价值并创造顾客和利润。对销售团队的经理来说，销售既是战略问题，又是战术问题。销售是战术层面的问题，目的在于开拓市场、提高市场占有率，是市场分析、细分、定位和入市的整体决策和行动。而对于一线销售人员而言，销售就是战术问题，如何提高销量和销售额，最终要落地执行，需要销售人员最终完成和客户的成交，并且真刀实枪地打败竞争者。

所以，再好的营销战略，如果销售一塌糊涂，也一样不会取得好的效果。执行是基础。我们在应用篇重点讲的是一线销售的战术问题，还有脚踏实地对客户工作的过程。

业务模式

不同的行业，不同的市场，业务模式的不同决定了销售也是不同的，并且在销售中的偏重点也是各有千秋的。

我们将业务模式划分如下，表4中的横行是商业活动的附加值，纵列是客户类型。

表4

客户类型　　附加值	低	高
个　人	标准化产品，展示、摆放很重要，售前是市场宣传和推广，售后维修服务和处理投诉；医药、百货零售，电信	产品复杂、高附加值，4S及专卖店，客户经理模式；汽车、房屋、金融产品等
机　构	价格敏感，标准产品；渠道和运输到货等非常重要；分销、批发	产品复杂，技术含量高，客户需要定制、培训和解决方案项目型销售；多采取顾问式；比如高科技产品、软件系统，工程

很显然，面向个人和机构的购买决策是不同的：个人购买掺杂更多地感情因素和个人喜好以及欲望；而机构购买决策则是多人参与，更多理性和解决实际问题。

比如面向个人附加值低的业务，类似于快速消费品类的企业，更多地使用市场、广告等拉动消费者，地面销售更看重的是布点、货品的物流等。如果说市场活动是空中力量的话，销售就是我们真正占领客户市场阵地的地面部队。我们这里要讲的重点是地面作战，甚至于是在没有空中力量支持下的单兵作战。也就是说，我们的销售是重点面向附加值高的客户并提供高附加值的销售活动。

可以说，除了第一象限的零售之外，所有的销售活动都要和客户进行一对一、面对面的交流，都要上门拜访（随着互联网的发展，在线的销售模式创新，将大大节省上门路途的时间和成本）。甚至于商业零售中团购大客户的销售。因此，我们在应用篇，重点要讲的就是这个销售的过程。

销售过程

除了百货零售业外，大部分企业的销售业绩是通过销售人员的销售工作来完成的。销售人员如果对整个销售工作过程没有一个全面的认识、了解和熟练的掌握，就好像一个不知道基本军事常识的军人上战场一样，结果只能是送死。因此，培训销售人员是销售管理者的基本任务之一。

传统的销售管理课程从时间顺序上，把一个新客户的完整销售过程概括为以下七步：

①售前准备

②销售接洽

③陈述演示

④异议处理

⑤促成关单

⑥交付实施

⑦保障跟进

也有很多大型的企业自己定义自己企业的销售流程，分得更细的有之，粗放一些的也有之，名称或许根据行业有些变化，过程基本万变不离其宗。不过，这是以销售者主观的角度在看问题，而作为销售，我们知道是以客户为导向的。以客户的眼光，又会如何看待销售流程呢？

孙子兵法云："不战而屈人之兵，上之上者也。故上兵伐谋，其次伐交，其次伐兵，其下攻城……"站在上兵的角度，透过客户的眼光看问题，整个销售的过程就挺有意思了。

首先，我们和客户接触，是个"被发现"的过程，为什么用"被"这个字，想想看，谁不喜欢掌握主动和不被控制呢？尤其是掌握采购决策大权的那些客户决策者们。我们最好的销售，是"被"客户选择。

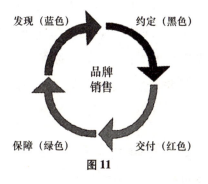

图11

而这个"被"，就要下很大功夫做很多准备了。这个过程，我们专门用蓝色来表示。这代表我们的销售需要做到的程度。我们出去旅游，看见蓝色的天空、蓝色的大海会有什么样的感觉呢？我们如何让我们在"被发现"时客户会有这样的感觉？我们给客户的电话，我们和客户联系的邮件，我们给客户的初次拜访，做得好的标准只有一个，就是客户的感受够蓝吗。

接下来的阶段，就是和客户达成约定的阶段了。这里，我们用的是黑色。黑色，代表严肃、认真、庄重。这是每个客户希望看到销售在这个阶段的工作态度。也是我们要求每个销售正确对待客户必须的工作态度。销售要严肃地对待客户的问题，认真地讲解产品并提供服务能够给客户带来的好处和利益，认真对待客户的异议，客观地解释，仔细地洽谈商务条款和订单细节，最后和客户达成一致。总之整个过程是严肃认真的，要绝对地体现职业化和专业化。

签完合约，万事大吉了吗？NO！接下来的履约过程，我们用的是红色来表示。红色，警惕色!!! 签约后的交付实施阶段，是销售需要打起十二万分精神的阶段。难道不是吗？所有的问题都会在这个阶段发生，所有的不满和投诉都是在这个阶段产生，销售要时时警惕客户的不满之火。交付可能延迟，实施可能脱期，即便不是自己的原因，也要准备好救火工具！回忆一下，我们自己做客户的时候，订购的冰箱迟迟不能按时送货到家；装修的卫生间漏水，无法按期完工；网购的书送到以后一打开竟然破损……

如履薄冰，总算合同实施完毕，产品（工程）交付，货款到位了。接下来可以……

别急，这时候可不能不管不顾客户了。后续的保障和跟进正是客户需要的。过了两三天问候一下，新到的冰箱使用如何？产品培训的效果怎样？过了一两个月发个邮件，致以节日的问候……

这个阶段的工作，要做到绿色的程度！像森林一样，使客户感到清新，和谐，没有压迫感。但又总能让客户感受到你的存在，下次订单增购还找你。呵呵，周而复始，多么美妙的销售过程，这就是真正职业化的品牌销售。

好了，知己知彼才能百战不殆。让我们整理一下主客观角度的销售流程和每一步的要求。

表 5

企业	客户	颜色	要　　求
售前准备			·客户信息全面详实，了解充分 ·建立理想客户标准，按照帕累托法则参考、比对、选择理想客户 ·制订销售接洽和拜访计划，确定好时间地点 ·销售工具准备齐全，具备足够的产品技术和行业等知识 ·恪守信念准则，相信公司产品和服务、相信我们的团队、相信自己
销售接洽	发现	蓝色	·约见客户有礼有利有节，熟练运用电话、信函邮件、访问、转介绍和网络手段 ·介绍对客户的利益和好处而不是推销产品，体现职业化水准 ·保持坦然心态对待客户的拒绝，但并不逃避，寻找共同话题，争取建立共鸣 ·熟练掌握介绍、提问、赞美、引证、利益、馈赠、征询甚至表演等接触方法，让客户感到就像看到大海蓝天一样心情舒畅是我们的最高境界 ·保持开放心态，充分了解客户的根本信息和情况，再为下一步做计划准备
陈述演示	约定	黑色	·具备全面的沟通和表达能力，灵活运用包括面谈、电话和邮件等方式沟通 ·对待个人客户要充分了解其需求和偏好，对机构客户要准确把握其业务问题和要求 ·结合我们的产品和服务针对性提出利益所在和解决方案，并通过各种手段展示给客户，得到客户的认可

授之以渔我收网

企业	客户	颜色	要　　求
陈述演示			· 多用需求满足和解决问题式陈述，慎用记忆式和公式化陈述，始终保持认真负责、实事求是的态度。切忌推销！
异议处理	约定	黑色	· 以防为主，提前解决 · 认真倾听，真诚欢迎 · 重述问题，确认了解 · 审慎回答，保持友善 · 抓住重点，避开枝节 · 选择时机，灵活应对 · 避免争论，及时总结 · 客观面对，能进能退
促成关单			· 保持正确的态度 · 有效识别客户成交信号，引导客户接近成交目标 · 灵活掌握促成方法，适时提出成交建议 · 冷静果断，切忌操之过急 · 认真准备合约，体现专业化精神
交付实施	交付	红色	· 诚实守信，如约兑现 · 发现问题，及时处理 · 提供帮助，处理抱怨 · 确保品质，提升企业 · 消除不满，恢复信誉
保障跟进	保障	绿色	· 定时联络客户，体现关怀 · 收集使用信息，了解意见建议，广开思路，完善企业和创新 · 及时反馈市场信息和新产品信息，提供市场活动参与 · 挖掘新需求

　　以上我们简要地阐述了基层销售工作的过程和每个步骤的根本要求。这些工作，都是要销售人员去执行的，下一节我们重点讲解一下成为好销售人员的条件。

第二章　销售人员的条件

1992 年，本人有幸进入中国大陆第一家推销员学校接受了 3 个月近乎新兵训练营的军事化训练和职业销售培训。那时老师说过的话依然萦绕耳旁，"用头脑工作的，是学者、作家；用头脑和手工作的，是技术家、工程师；用头脑、手和心灵工作的，是艺术家；而用头脑、手、心灵，还要用脚工作的，是谁？——销售"。

销售不但要有智慧敏锐的头脑，体察关爱的心灵，实干肯干的双手，还要有坚强的体魄，行万里路，会天下客。销售需要具备人际交往中拿捏分寸的尺度和艺术，销售更要有专业的知识和技术，掌握正确的方法。好的销售人员是可以选拔和培训的。只有可以复制的技术和方法，我们的商业社会文明才能够强健，我们的企业才是有生命力的。

在前面我们曾经说过，事实上，每个人天生都是销售员，都或这或那地从事过销售工作，最起码，每个人找工作，就是在销售自己的人力资源、专业和技能。那么成功销售有方程式吗？答案是肯定的。

图 12　成功销售的方程式

在第一篇中我们就说了，这是一个人力资源的万能公式。换掉销售字样，其他工作如是，只是需要的态度、技能不同而已。

当然，我们知道还有人的天赋起作用，只是本人愚钝，在本公式中确实还没有想明白放在什么位置合适。宁要模糊的对，不要精确的错，我们内心清楚就是。天赋会体现在态度和技能中。

做好任何工作都需要态度和技能，而尤以销售工作为最甚。你可以选择做这项报酬率非常高的艰难工作，成为销售精英；你也可以选择这项报酬率最低的轻松工作，最终面临被淘汰。

一个销售如果态度是零分的话，即便技能 10 分，再好的运气光临也创造不出业绩；一个销售如果运气是 10 分，而态度和技能都是半罐子水 5 分的话，成绩也就是个"250"；而一个销售如果态度 10 分，技能 10 分，运气即便只有 5 分，总数也是 500 分。我们并不否认运气的客观存在，我们所作的努力，是当运气来临的时候，我们前面的乘数要足够大；而机遇往往又特别青睐这些态度好、技能强、有准备的头脑。

尤其是具备这些好的态度和才能，使技能得到充分发挥。经过众多企业组织和商学院总结，我们将好的销售的特质整理如下。

①内驱自信

②敬业合作

③坚韧勇敢

④换位思考

⑤服务意识

⑥敏锐创新

⑦客观务实

前两条是所有的行业、所有的工作都需要秉承的态度，而由于销售工作相对独立自由，并且是针对人的工作，后面五条则更需要重点提出。

内驱自信

所有的工作要想有所成就，都需要内驱力。科研如是，艺术体育如是，而需要3H1F的销售更如是。

有内驱力的人是有强烈成就导向的人，因为要有所成就，就会不断完善自我，不断学习，有意识地自我管理，并且相当自信。有内驱力的销售，不需要别人督促就会自我鞭策，也往往走在别人的前面，只要有目标就会前进，具有强烈的达成销售目标的欲望。没有内驱力的销售，当然就只有受到外力驱使，自然在学习、自我管理和自信心上也差了很多。

作为一个好销售，我们尤其强调这点。一个销售要相信自己销售的产品、相信自己代表的企业、相信自己。事实上，很多平庸的销售在抱怨自己的企业，抱怨自己产品的背后，真正本质的是不相信自己。

企业是你自己选择加入的，即便企业有所不足，你是否相信因为你自己而能够让这个企业更好？你是否相信因为你的销售，产品的不足也能够弥补，而销售出去带给客户利益？如果都是否定的答案，那么趁早离开吧！这样的人，不要说小米加步枪，就是拿着飞机、大炮也会丢掉阵地的。还是不要做销售了吧。

敬业合作

各行各业都需要敬业精神。因为敬业，所以认真负责，忠于目标，忠于使命。科学、艺术家如是，警察、教师、医生如是，工人、农民、技术员如是，商业人员、销售人员更如是。

销售的使命是为客户创造、沟通和传送价值的。请牢记你的使命，无论在任何行业、任何企业，都应忠于目标，秉承认真负责的敬业精神！

另外，我们要重点谈一下合作。现代社会，分工越来越细，人类的进步大多是在合作的基础上建立的，我们永远要牢记，集体强大于个人，再优秀卓越的人，也需要集体和团队才能成事。尤其是销售这行，没有售前售后、产品研发、行政财务等全方位的支持，即便一个人拥有销售的天才，也很难想象能持续做出什么好的业绩。

合作和团队精神，体现在尊重他人，重视他人的优势和擅长之处，有功而不居功自傲。

坚韧勇敢

销售工作没有人天生就会，都是从不会到会，从会到熟练，从熟练到精通。而这个过程中，每一个销售都会面对无数次的拒绝、冷漠和不理解。因此，坚韧勇敢的态度是成为销售精英尤其必备的。

想想曾文正公当年上书清廷，将屡战屡败的现状，在上书中改为屡败屡战的态度。一字不改，客观现实，但是次序不同，心态截然不一样！

我们的电话营销，是否也经常遇见"屡电屡拒"的情况？我们是否能够保持"屡拒屡电"的态度？我们的销售是否也能有屡次拒绝、屡次拜访的态度？

作为基层一线的销售人员，直接和客户打交道，直接深入客户市场阵地侦查，没有勇敢的大无畏精神是不行的。我们有些销售在放下被客户拒绝的电话后，产生畏难情绪、退缩心理，如果拿不起下一个电话时，想想我们的父辈祖辈，我们父辈祖辈的父辈祖辈，在那么战乱、生存条件恶劣的环境，他们都能够生存下来，能够顽强地繁衍出我们，我们有什么理由连一个电话都不敢打，连一个客户都不敢见？哪里对得起自己，对得起祖宗！

要知道，"一公斤的勇气，胜过一吨的运气！"

其实，很多客户是到了最后一刻，才决定选择那个认真负责并坚持到最后的销售，因为大部分产品的差距是不大的，客户最后选择的，就是销售的态度。

换位思考

销售是和人打交道的，即便是机构，对方也是具体的人来做出采购决策。孔子曰："己欲立而立人，己欲达而达人，己所不欲，勿施于人。"我们是销售，我们在这个社会上同时也在被销售，我们自己不喜欢的方式，就不要用在客户身上。销售必须明白利人利己达人达己的原则，必须学会换位思考。

只有换位思考，我们才能真正了解客户的真实需求；只有换位思考，我们才能切身体会客户解决问题的紧迫性；只有换位思考，我们才能真正地创造、沟通和传送价值给客户，避免自说自话，盲目推销。

好的销售除了从销售自己个人的角度单点思考问题，还要学会设身处地站在客户的角度思考问题，也要学会站在企业的角度思考问题。面对机构客户和企业，我们尤其要学会站在企业领导者的角度多点思考问题，这就对我们的销售提出更高的要求，要学会系统性思考，具有全局观。当然，这对销售的成长是非常有益的，不想当将军的士兵不是好士兵，同样，不想有所成就的销售不是好销售。

另外，我们要学会多元性思考，而要注意避免二元思维。这个世界不是非黑即白，同样的客户也不是简单地支持或者否定你，要有最后好的结果，我们需要创造很多条件。我们需要多思考和假设"如果"，其力量是强大的。

服务意识

服务意识就是指对客户有热情、积极主动和耐心、细致周到服务的欲望。

它应该是发自内心的。发自内心的服务意识，是销售的一种本能和习惯，它是可以通过培养、教育训练形成的。

具有服务意识的人，能够把自己利益的实现建立在服务他人的基础之上，能够把利己和利他行为有机协调起来，常常表现出"以他人为中心"的倾向。因为我们知道，只有首先以他人为中心，服务他人，才能体现出自己存在的价值，才能得到他人对自己的服务。

服务意识也是以他人为中心的意识。拥有服务意识的人，常常会站在他人的立场上，急他人之急，想他人之想；为了他人满意，不惜自我谦让、妥协甚至奉献、牺牲。但这都只是表象，实际上，多为他人付出的人，往往得到的才会更多。这正是聪明人的做法。缺乏服务意识的人，则会表现出"以自我为中心"和自私自利的价值倾向，把利己和利他矛盾对立起来。在这些人看来，要想满足自己的需要，只有从别人那里偷来、抢来或者骗来，否则，别人不会主动为自己付出。这常常是自私者的哲学。从本质上说，这违背了人与人之间服务与被服务关系的规律。这种人越多，社会就越不和谐。服务意识是人类文明进步的产物。

培养好的服务意识，要克服以下 5 条心理障碍。

①担心拒绝。要知道客户也是形形色色的人，不是所有的人都保持开放的心态，有些客户自我意识强，或者自闭且不太愿意接受主动服务。只要保持尊重和自重的态度，坦然应对拒绝，大部分客户是接受的。

②担心服务不好。有时这种担心是必要的，我们需要在保持积极态度的前提下，提高自我专业素质。不过只要服务态度好，即使服务知识和服务能力暂时差些，也没有关系。因为只有在服务顾客的实践中，才能够发现自己的不足，也才能有意识地学习和改进。一个人的知识和能力总归是有限的，要善于借助团队的力量帮助顾客解决问题。既可以找同事帮忙，也可以找上司帮忙，甚至可以请其他的顾客帮忙，只要愿意，总能

把服务顾客的事情做好。

③担心别人嘲讽。如果总是担心别人嫉妒而不敢进步，那只好做一个平庸之辈。其实，别人嫉妒是好事，说明你比他强。只要对同事也像对顾客一样尊重和关心的话，不仅不会遭到他们的嘲讽，还会影响和带动他们学习。话又说回来，没有几个人有那闲工夫去嘲讽别人的优秀，尽可以大胆表现自己，让他们学去吧。即使有人嘲讽，又能怎么样。至少领导不会嘲讽。再说了，嘲讽人的人，过不了多久，也许就会成为追随者，只要坚信自己是对的，就不要被别人的看法所干扰。

④感觉委屈。很多人为别人服务会有这样的感觉。这其实是因为心理不平衡所造成的。本来人人平等，为何我要服务别人，而别人被我服务呢？为了挣这点钱，值得我付出这么多吗？这是很多人在服务意识尚未真正建立之前的一种正常心理活动。的确，被服务的感觉要比服务别人的感觉好得多，因为不必费心费力费时。尤其是当人们为顾客服务却得不到平等回报的时候，人们更会感觉到自己委屈了，似乎很不值。克服这一心理障碍，首先要明白这样一个道理：帮人更是帮自己。电影中怎么说的——"出来混，迟早都要还的。"试想一下，如果你总是帮助别人，服务于别人，当你有需要的时候，是不是可求助的对象就很多呢？有时候，真的要忘我！要具备佛说的布施——放下的境界。这个世界其实是很公平的，即使你只是用自己的知识帮助一位陌生人，同时也会帮助自己复习和检验了知识的实践作用，"教学相长"就是这样的道理。生活中的帮人，并不见得立即就能产生完全相等的回报，但是却能起到润滑人际关系的作用，使得自己有个好人缘、好友圈，这也是一笔宝贵财

富。在职场上，多帮助同事，也会有一个好的工作圈，当遇到困难和挑战时，别人也会主动帮助自己的。对待顾客也是这个道理，如果总是愿意帮助顾客并满足他们的需要，能够继续为他服务，顾客就会产生信任感和依赖感，陌生顾客会变成回头客；当遇到困难时，熟客也会来帮助你渡过难关。

⑤厌恶服务对象。人不是机器，对别人有喜好厌恶这很正常。但是在工作岗位上，我们要坚持一视同仁的普遍服务原则。要克服这种心理障碍，必须调整自己的心胸，让自己的心胸宽广起来，才能容纳各类人士。顾客自然是越多越好，销售业绩才能越高。不管是什么样的顾客，付的都是一样的钞票，又何必计较喜不喜欢他们；在销售岗位上，不管顾客什么样，都要一视同仁，不能厚此薄彼，这是工作职责。

敏锐创新

每个岗位每个职业都需要内驱、敬业，对于有些职业就不是特别的重要，比如换位思考，一个交警并不需要和违章者换位思考，而应该铁面无私；一个科学家专注于自己的科研，很少与人交道，有无服务意识影响也不大；而对于销售这样与人交道的职业，则异乎寻常的重要。

很多人力资源的顾问在给企业咨询时，却到此戛然而止了。究其原因，是这些"顾问"本不是销售出身，并不能设身处地地和做过销售工作的人换位思考。

对我们而言，销售就是一线的作战部队，销售是和市场打交道，和客户打交道，和人打交道。销售始终要保持敏锐的嗅觉和创新的意识。这一点至关重要。

销售要有对市场信息的敏感，对客户心态的敏感，对竞争对手的敏锐洞察。只有敏锐，才能凡事想在前、做在前。一个迟钝的人是做不好销售的。请注意，不是表面迟钝和木讷。有些很具有狼性、经验丰富的销售大智若愚，其表现给竞争对手的迟钝是表象。

我们曾经有个销售，非常积极，并且有非常敏锐的嗅觉，对市场客户信息很敏感。我们一起外出，在高速公路上看见客户的广告牌以及上面的客户信息，他不动声色的就掏出手机记录下来，该企业正好在我们要到的目的地。在我们完成计划内的拜访之后，他自己主动说顺便去看看那家企业，结果正巧这个企业有这方面的需求，不到年底就顺利签下一个大单。这和他对市场客户信息的敏感是密不可分的。

创新对于销售来说确实是有挑战的职业。有些漠不关心型和防卫型客户并未意识到自己有这样的需求。而这些给客户需求带来的利益是要靠我们的销售去挖掘甚至说是创造出来的。科技往往领先于需求，想想看汽车未发明之前，谁会主动想到汽车呢？

说到销售方法和技能，我们在下节会介绍。我遇见过一位超级销售，和客户的沟通方式就不是教科书中能见到的案例。每一个销售都会给客户打电话约见，我们经常听到的回复是这样的。

"张总，您看我最近在您方便的时候拜访您，好吗？"

"哦，最近我很忙啊……"

请填写你创新的回答（ 　　　　　　　　　　　　　　　）

想知道我们这位现在已经是中国区总经理的超级销售朋友怎么回答的吗？

请允许我先保留点神秘感。

客观务实

好销售基本都能客观地、实事求是地看待自己的能力，这一条其实也是做人的根本。

在现实的销售工作中，我们经常会面对很多客户和项目机会。对客户和机会进行评估时，既不掩饰坏消息，也不盲目夸大好消息，而是就事论事，实事求是。这是好销售的基本态度。我们有些销售，做得好的时候，夸夸其谈，自得满满，目中无人，认为自己如何厉害。出现不好的情况就找客观理由，总之都是别人的错，认为自己全对。这样的销售，即便短期取得业绩，也仅仅是运气和侥幸。当然，也有这样的销售，尤其是新销售，在连续经历挫折后，不客观总结自己哪里做得好，哪里做得不好，将好的方面发扬光大，将不足的地方学习成长，而是认为自己一无是处，认为自己不适合做销售。总体来说，好销售不但能客观看待事物、现实，看自己也既不妄自尊大，又不妄自菲薄。

谈到实事求是这点，每个人都做到确实很难，因为每个人看问题的角度不同，都有自身的利益，甚至有些同事，会比较感情用事，如果对某个人有成见，反感，那么他支持的就反对，他反对的就支持。这是一种不成熟的叛逆心态，所有的销售人员都要避免。尤其是作为销售，我们的老总、主管会很严格地要求，甚至苛刻地要求。我们应该明白"严师出高徒"的道理。能够对我们高标准严要求的上司，我们要感激才是。

同时，我们还要做到不盲从，学会理性地独立思考。客观地看待问题的本质，有系统性思维的意识，就能够最好地把握大局，通过沟通消除分歧。

另外，我们销售做事情尤其要做实，从小事做起。很多企业在上了信息化系统之后，不少老销售都不愿意认真填写客户信息资料。要知道，客户的基本信息是我们作战的地形图，这个信息不对称，公司领导如何指挥？内部的成员如何协助？有些销售以时间少、来不及为借口推托，实质就是一个"懒"字！部队为什么要整理内务，被子叠成方块？基本的习惯不养成，整个销售的底就是虚的。其实每天更新信息不过几分钟，我们有些员工有玩网游去"种菜偷菜、停车举报"的时间，却没有更新信息的时间，实在是说不过去的！

作为销售，尤其要注重细节。工作踏实，客户才会满意、放心。没有谁会愿意把订单下给不可靠、很虚夸的人。

以上我们重点介绍了好销售需要具备的7种品格、特质和态度，我们应该时时对照自我是否符合。如果你这7条都具备，那么恭喜你，你具有好销售的潜质；如果你有所不足，也不要灰心，事实上当你具备了这里面大部分的品格时，你就已经是属于20%的优秀人群了，你要知道，行动能够改变态度，如果自己还有不足，那么赶快行动起来吧！

第三章　销售知识、方法和技能

　　积极的心态、技能和知识是支撑业绩的三根支柱，对于成功缺一不可。在上一节我们讲了优秀销售人员需要具备的 7 种态度。我们知道，好的业绩 = 态度 × 技能 × 运气。一个销售如果技能是零分，仍然是个糟糕的销售。不过，技能是能够培训出来的。这里的技能涵盖了知识和销售技能，接下来我们进行详细的分解。

　　一个好的销售必备的技能包括知识和销售技能。知识通常包含公司、客户和行业 3 个方面的知识。

　　公司知识包括产品和公司背景等。产品的特点、优势以及对客户的好处构成了产品知识的核心。销售人员还需要掌握公司如何研发、生产、运输产品并且如何提供服务的，还需要回答客户提出的关于公司历史、实力方面的知识，这些是关于公司的知识。

　　我们还需要了解关于客户的专业知识。比如当客户采购保险的时候，销售人员要帮助客户计算和分析保险的收益，当向医生销售药品的时候，销售人员要介绍药品的药理，向电信局销售大型电脑主机的时候，销售人员要提供完整的解决方案，这些是专业知识。另外，对于企业客户，我们要了解客户是如何运作的，还要了解客户的客户是谁，客户的客户如何运作等知识。

行业知识包括整个行业的历史、发展和沿革，整个市场的格局，竞争对手的情况以及很多关于竞争态势、策略方面的知识。如果自己的企业是行业的领先者，甚至是规则的制定者，那么这些知识的掌握无疑会让员工信心百倍！

以上知识，每个企业对员工都会有培训，但是培训的效果就千差万别了。一个销售，如果不了解自己的产品，不了解客户情况，不了解竞争对手，客户就会对你进行的游说产生不满甚至愤怒。这是销售严重不职业的表现。作为销售团队的领导，尤其要注意对员工知识和技能的培训，让没有培训过的员工去见客户，就像把枪栓不会拉、手雷不会投的士兵送上战场，结果无疑是送死。作为销售个人，无论你身在的企业管理者是否重视，我们个人也要去主动学习。你要对自己的销售生涯负责、要对客户负责，有时候真正让客户感觉好的，往往是很多自己主动了解并总结的知识，包括竞争对手都没有掌握的知识。

知识与技能的区别在于，知识储存于人的大脑皮层，学起来会比较快，但是一段时间不使用就会被忘记。而技能是将大脑皮层的知识转变为神经中的习惯，一旦曾经掌握就很难忘记。我们通常将知识与技能合在一起称作能力。本节主要介绍销售方法和技能。

销售技能主要包含与客户接触和沟通的方法，销售人员需要什么技能，取决于与客户接触的方式。例如汽车专卖店的销售人员需要向客户提问来挖掘客户需求、处理客户异议、介绍产品和谈判的技能；向大型机构销售复杂设施的销售人员需要掌握客户拓展的策略、制作建议书、呈现方案的技能；快速消费品行业的销售人员要掌握产品促销和陈列的技能。

我们学习的技能，在你没有将其通过训练转化成自己的习惯时，这些方法还只是知识。唯一内化成技能的办法就是实践，Practice makes perfect（熟能生巧）。

让我们先复习一下在第一节中重点讲解的完整销售过程的七步法：

①售前准备

②销售接洽

③陈述演示

④异议处理

⑤促成关单

⑥交付实施

⑦保障跟进

在交付实施和保障跟进部分，因为涉及企业的产品、技术以及售后支持部门整体配合，我们不在这里详述。我们重点讲解从售前准备到促成关单阶段需要掌握的方法和技能。

售前准备

好的开始是成功的一半。售前准备对于整个销售工作是至关重要的。售前准备可以说是全面知己知彼的过程。俗话说"不打没有准备的仗"，就是这个道理。

售前准备主要分两方面的工作：一个是对内，做好有关知识、技能和销售工具的准备；一个是对外，市场调研、收集客户信息、整理客户资料、确定目标客户、做好销售计划。

对内的准备工作，在知识方面，各个行业企业有自己的内容，我们不赘述了。在销售工具这块，销售要准备好名片、笔记本（电脑）、着装、资料等等。最最重要的是准备好积极自信的心态。

对外的准备工作尤其重要，不知己知彼销售则无法做到心中有数，不能百战不殆。从军事的角度，收集信息和整理客户资料就是我们的情报工作，就是绘制我们的作战地图。也是为我们下一步约见、拜访客户和关单的作战任务做准备的。

收集信息

收集信息的要求是全面。如果我们新进入一个区域、一个市场，一定要很清楚我们的客户在哪里。我们的产品可能只应用在一个行业，也可能应用在很多行业，我们要分别全面地收集潜在客户的信息。比如，我们面对的行业是某省的政府，我们的产品应用可以在每一个县级政府，那么就要收集到这个省的所有县级机关的有关信息，包括地址、电话、邮编、联系人、决策人、关键人等等。如果我们的潜在客户是某一个行业的企业，在该区域有1000家，而我们的产品是很昂贵的，只有行业前10%的企业是潜在客户，那么只收集三五十家客户资料肯定是远远不够的。

我们的原则是，在收集信息这块尽量全面细致。能做到对比竞争对手，就像用百万分之一的作战地图对付万分之一的作战地图，那么我们周旋的余地就会大很多。当然，从边际效益递减的角度，我们投入的资源要达到一个平衡。

收集信息的方法是多种多样的，尤其是近些年随着互联网的发展和搜索引擎的强大，大部分的基本信息通过搜索引擎都能够找到，极大的方便了我们。也使互联网收集法占据主导地位。在互联网上，我们可以通过政府官方数据库、行业协会、新闻期刊等收集到大部分客户信息。对于互联网上现在有售的行业客户名录，仁者见仁，智者见智，数据真假良莠不齐。终究还是官方数据可靠些。比如，我们可以上教育部的网站获得高校的基本信息，可以通过证监会的网站获得证券公司的基本信息等。

接下来我们再介绍一些传统的线下信息收集方法。

客户转介绍法

顾名思义，即由曾经往来的客户介绍。这样得到的信息一般非常可靠，而且不仅仅是一个客户名称，由于客户的转介绍，往往能够迅速获得信任、建立联系。并且客户对行业的熟悉程度往往会给我们销售带来很大的帮助。此方法的前提是有非常良好的客户关系，一般不是新进市场的可用办法。

行业展会法

大部分行业每年都会定期举办行业会议或展览。比如通讯展、医疗器械展、高新技术展等。通过这个途径能够迅速拿到一个行业大部分有实力的企业信息。缺点是并非随时都会有展会，要是离该年度展会还有很长时间的话，我们还是要靠自己去收集，而不可能不开展业务只是去等。当然我们还可以通过接触行业协会来获得相关的信息。

授之以渔我收网

社会关系法

即销售通过亲戚、同学、朋友等社会关系寻找可能的客户，通过这种关系联系的客户，一般来说下一步接洽的成功率高。不足是一般人的社会关系是有限的。

人名录法

仔细研究我们能够找到的同学录、行业团体名录、电话簿、户籍名册等，从中寻找潜在客户。

广告媒体法

这里说的广告媒体法有两种：一是有实力的厂商通过广告宣传、市场调研和开通热线等方法大批量收集客户信息。此方法多用于个人消费者，不确定性大，分散。缺点是成本高，有时消费者注意力分散不见得效果好。另一个广告媒体法是我们的销售通过寻找电视、报纸广告和路牌等，收集有效客户信息。值得一提的是，我们有个非常聪明的销售，是销售设计软件的，定期收集招聘广告，看哪些企业招聘设计工程师就上门联系，非常有效。

以上收集信息的方法，我们每一个销售要全面了解，灵活运用。并且不局限于以上方法。总之收集信息的标准就是尽可能的对有效信息敏感，并且能全面收集到。

整理客户资料

如果说收集客户信息是绘制我们销售队伍市场作战地图的话，整理客户资料就是核对以保持地图的准确性，并将地图的重点、要冲标注出来，为下一步销售制订拜访计划做准备。

整理客户资料的要求是及时和准确。整理客户资料的工作需要定期进行。不用说，现在市场瞬息万变，组织机构人事变动是家常便饭，就是真实意义上的地理地图，也经常因为自然地质灾害出现大的变动。行军打仗的地图要及时核对，市场销售的客户地图更要及时更新和调整。一般来说我们要求至少每3个月基本核对一遍。

另外，我们初次收集的信息资料多半也不全，需要我们核对地址、电话和找到联系人等。更进一步的要求是机构客户通过联系人对内部情况有个大致的了解，便于做下一步的筛选工作。

整理客户资料的后半部分工作，就是对整个客户信息按照科学的标准进行审查和筛选。就好像清楚地在地图上标注哪里是要冲、关隘、制高点、地堡等。

销售需要清楚，并非每一个潜在客户都是合格的目标客户。如果不经过筛选，盲目地拜访，无疑是对时间和资源的巨大浪费。每一个企业都应该有自己的理想客户特征，就好像找对象一样。我们归纳起来，所有的行业都通用的基本特征如下。

第一个重要特征是是否对产品有真实需求。销售首先要对潜在顾客进行购买需求了解，确定该对象是否符合我们销售商品的特点。如果销售确信客户的真实需求能够与我们商品的功能、特点和提供的价值对应，就应该满怀信心地去拜访。反之，客户根本不需要某种商品，销售一味地推销就是做无用功。就好像一个卖胃镜产品的销售，收集到的信息中，某某医院结果是女子美容医院，那么无疑是浪费时间精力。

第二个重要特征是客户是否有支付能力，也就是购买力。即便有真实需求，潜在的购买需求不等于自然形成真实的购买需求。一般来说，个人客户的购买力和收入有关，政府教育等机构的购买力和预算有关，企业组织的购买力和企业规模产值有关。一个年销售收入500万的工程企业，不会去买一台300万的挖掘机，只可能购买几十万的产品。

不过销售需要清醒地认识到，这一点因为金融创新而正在使客户购买力的门槛越来越低。贷款、租赁等方式都使过去传统中不可能的客户提前形成了购买。比如一个年收入10万的年轻人不吃不喝也要5年后才能买得起一套价值50万的房屋或好车，因为银行通过分期付款的方式，就使我们的年轻人提前成为了好车和房屋的客户。500万产值的企业也可能租赁价值300万的挖掘机。

第三个重要特征是是否有购买决策权。很显然，一个小孩买玩具的需求真实而具体，甚至有的孩子自己都有购买力；但是其父母如果明令禁止的话，恐怕这笔交易也是做不成的。同样，在一个机构客户的组织架构中，是有明确的采购决策人和技术评估、财务评估、使用评估等分工的，如果采购小组最后决策人不拍板，别人说了也是不算的。

这里尤其需要指出的是，对于机构客户的销售，因为决策层次多，决策系统复杂，权力影响力背景隐蔽，对销售提出了更高的要求。要求销售不但掌握产品知识、销售技巧，更要熟悉现代管理，了解组织内部结构和人事安排、决策方式和程序，并有着准确的判断力。

第四个重要特征就是客户的距离远近。交付实施后保障跟进工作非常频繁且重要的行业，距离远近是个重要的特征因素。比如售后服务很重要的汽车，很少有成都的客户会去北京的 4S 店购买一辆价格差距不大的小轿车。

当然，以上只是一些普遍特征，各个不同的行业还有针对性的理想客户特征，需要我们职业的销售人员去总结。比如销售设计软件的要关注客户设计团队的大小；销售医疗器材的要关注医院科室的划分；销售饲料的理想客户要符合饲养的品种等等。

制订销售拜访计划

市场客户的"作战地图"已经绘制完毕，象征制高点和要冲的理想客户也基本确定。下一步就是我们的行军路线计划了。

有的销售说，还制订什么计划，约好了客户就去拜访呗。这是典型土匪式的作战特征。而科学的销售是不打无准备的仗。

销售拜访计划主要包括以下方面：
①确定当天要走访的具体客户
②确定已联系好的客户访问时间和地点
③制订拜访路线图
④模拟现场的拜访场景
⑤销售工具和知识的准备

关于前 3 点，我曾经问过很多销售，一天能够拜访多少个客户、是否有制订路线图等，答案差距很大。客观地说，如果目标客户在商业集中的区域，那么一天几个到十几个都是很正常的，甚至于我见过有销售一天在电脑城拜访 30 家客户，那基本上就是一个柜台一个柜台谈。我自己做销售的时候，曾经一个上午拜访 6 家客户。而有的客户远在郊区，交通不便，有的销售一天只拜访一家。毕竟我们的基层销售还没有达到像发达国家那样人手一辆私家车，基本靠公共交通，甚至骑自行车。那么拜访多少个客户比较合理呢？我们还要兼顾拜访质量，而不能只是一味求数量。这里，我们将要引入一个经济学概念——边际量。

在这之前，先让我们对整体销售的时间管理有个大致的认识（见图13）。看看我们如何科学地提高我们的工作效率。

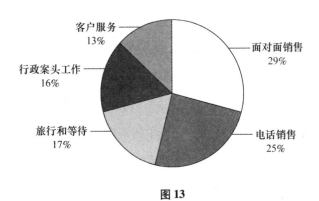

图 13

这个数据是来自发达国家的统计，销售真正花在销售工作上的时间只是一半多一点。而根据我私下调查的不完全统计，中国的销售花在旅行和等待的时间远远超过这个比例，而在销售上花的时间则更少。而新客户多半是需要多次拜访才能够成交的，西方的营销书籍说是平均 5~6 次拜访，我国目前还没有这个统计数据。总的说来，拜访数量和质量是和订单的相关性最大的。

在经济学上，我们常讲理性人思考边际量。这里我们介绍两个概念：边际利润（收益）和边际效益递减。

边际利润（收益）是指生产者每增加一单位产出所带来的纯利的增量，其取决于边际收入和边际成本。

让我们看看没有制订销售计划的销售，约好一个远在郊区的客户，来回路上花费各2小时，拜访客户洽谈1小时，单次拜访客户付出的时间成本是5小时。第二次拜访，正好从该客户另外一扇门出来，见对面恰好就是一家潜在客户，遂陌拜，又洽谈1小时。来回各2小时，但单位客户拜访时间成本为3小时，比第一次节约40%。

精明的销售从此开始制订拜访计划，在约好一个区域主要的客户以后，都在地图上找到周边的潜在客户，能预约则预约，不能预约也多准备几家陌拜。拜访3家客户单位成本2小时20分钟，成本又下降22%；拜访4家客户单位成本2小时，时间成本又下降14%；拜访5家客户单位时间成本1.8小时，下降10%……

而事实上并非所有的客户都需要耗时那么多，有的则见个面，混个脸熟，十几分钟，人脉就积累起来了。

我们可以看到制订计划在边际效益上带来的好处。那么到底拜访多少个客户好呢？我们可以清楚地看到，当数量越来越多的时候，我们拜访单个客户的时间成本下降，比率越来越少，从40%逐渐降到10%，这就是边际效益递减。

试想一下，当我们非常饿的时候，吃第几个包子最享受呢？很显然，第七、第八个包子基本上区别就不大了。再继续下去可能要产生副作用，导致厌烦甚至不适。我们经常听到一些成功大师们介绍某某是推销之神，一天不见完20个顾客就不睡觉等等。从成功学和励志而言，我们认同他们这样宣传；从科学管理和销售的身体健康而言，我们反对所有的销售这样去做。

那么究竟一个销售一天应该拜访多少客户合理呢？

答：你一顿能吃多少个包子就拜访多少个客户吧。如果你只能吃一个包子，看样子这饭量就不适合做销售啦。

有了足够数量的计划客户后，在拜访次序上我们尽量采取环形而不是交叉的路线安排。这一块 WASOWA 系统给我们的管理者提供了很好的管理实践。

在确定好我们拜访的客户数量、时间、地点和路线以后，我们要自我模拟重要的拜访内容并针对细节和问题制订一个概要。设想对方提出的问题，以及自己如何引导对方，并准备好应答，尤其是经验不丰富的销售，务必要多花时间在这里，做到有备无患。

足够的产品知识、行业背景知识、竞争知识等，这些是专业化的体现，有礼有利有节的举止、着装，和充分准备工具，是职业化和对人尊重的表现。

"白超，做了这么多年的销售，最近才是受益匪浅啊！"

"是啊，以前平时都光顾着跑客户来着，疲于奔命，也没有及时地总结，经过这么一梳理，心里敞亮多了。"白超回答。

"行，咱们刚刚开始，要加紧绘制我们的市场作战地形图。政府这边我比较熟，我整理一下政府行业客户的名单，尽快完善到 WASOWA 系统里面去。"老秦点了点头，丢给白超一根烟。

"嗯，企业这边我跑得比较多，很多 IT 渠道以前很熟，"白超一边点烟一边说道，"但是信息资料有点疏于整理，正好借这个机会完善一下。对了，老秦，萧姐好像有朋友在政府的有关部门，能不能帮我弄份咱们省的规模以上经济企业的名单，这个会比较有价值。"

"好，我和她说说去，不过政府也许有规定不是公开资料不能给。我记得政府网站上应该找得到一些重要企业的名录。"

两天后。

"小白，姐给你的信息怎么样？"

"太谢谢你了，简直就是我的及时雨啊！改天请你朋友吃饭吧！"

"不用，人家不就是给了我个网址嘛！这些信息现在都是公开的，每年政府都有公报，有统计信息，可以说最真实最客观，你要多留意啊！"

"嘿嘿，又长经验了。"

"对了，那天张朗给你两个朋友的企业，说你感兴趣，你去拜访了吗？"

"谢谢朗哥，我打了电话，其中一个朋友是个技术发烧友，他管不了采购，好像今年没有预算，他对什么新产品都有兴趣，我就给他发了邮件资料，改天到那边去的时候，顺便去看看，他说给我引见他们的领导。另一个倒有可能是个销售机会，之前公司有预算，只是因为去年金融危机，国外订单影响大，所以老总先搁置了；以前跟进的供应商最近都放弃了，他说有启动迹象的时候提前通知我。不过我已经计划好了，下周我要去走访5个客户，他们老总要在就直接去他们单位，争取尽快和老总建立联系，这个朋友是朗哥的同学，财务采购上能说得上话。"

"是啊，我都看见你在咱们的系统里有好多目标客户了。你要尽快开张啊，咱们新公司就有起色了!"

"萧姐你要帮我忙啊，你看见我大概导进去了1000多条客户信息，但是非常不全，地址、电话、联系人如果不全，都不算是准确的地形图，您看您不忙的时候，帮我整理整理? 可以先把所有客户的地址、电话补充完整，上谷歌搜就行，谷歌上没有的，估计也不是理想客户，拜托，剩下的联系人我来找。"

"行，没问题。反正现在行政上事情也不多，老秦说要恪守 Work As One Way! 咱不是最讲团队精神的嘛? 加油!"

一天后。

"白超，你可要请我吃饭啊! 我折腾了一晚上，给你完善了200多条地址、电话信息。"

"哟，姐! 你真是超人啊，我们以前一般一天能完善100多条就很理想了，你怎么做到的啊?"

"没什么啊，这个'我收网'系统还真不错，很多都是下拉菜单，我选择了省、市，在地址栏就自动生成了，电话区号也是，我其实就是复制粘贴! 很快的。不过网上的东西准不准要你自己核实了!"

"没问题，交给我了! 晚上我请你吃饭。"

销售接洽

销售接洽和售前准备并不是完全独立分割的过程，很多准备工作在做的同时就已经开始接洽客户了，比如为了更清楚地收集客户信息资料，我们需要打电话找到联系人，需要沟通了解，以便接洽的同时做好更充分的准备。

总之，这两个阶段，我们需要给客户犹如看见蓝色的大海和天空的感受——自然的感受，这一切需要我们的销售换位思考，注重客户感受，做好充分的准备和专业的培训。

销售职业在近些年因为通讯信息的发展，也产生了很多创新，过去有邮购，现在有电话营销。尤其是近几年，电话销售的数量成倍增长，而外勤销售的总体数量基本维持平衡。电话销售的所有销售过程都可以在线通过电话完成，已经形成一套专门的经验体系，以后可以专门学习。可以说，除了电话销售，如果你不能面对面地接触客户，那么无论你具备怎样的销售才能，也无处施展。因此，当我们确定潜在的目标客户后，就要接近、约见并与之洽谈。正式的销售从约见客户开始。

约见客户是整个销售过程中的一个重要环节，在实际工作中，销售人员如忽视了约见这一必要环节，便将造成整个工作不能正常进行，甚至完全失败。

约见的好处主要表现在有助于接近顾客、有助于开展销售面谈、有助于进一步补充信息和资料、有助于整个销售的预测和计划并提高工作效率。事实上，约见就是销售的正式开始。

在很多情况下，接近客户并不是一件困难的事情。但是，由于社会上对销售人员的一些偏见，有的顾客不欢迎推销人员来访，不希望外人干扰自己的日常工作，对于主动上门的推销人员总是存有一定的戒心，这也是出于一种自我保护的意识。所以，若事先约见客户，获得当面沟通的机会，本身就是成功销售的开始，既可节省时间和精力，也可避免或少吃"闭门羹"。不打搅顾客的正常工作，是销售的基本礼仪。从实际销售工作的要求来看，事先约见顾客，征求客户的同意，既表示尊重顾客，又可以赢得顾客的信任和支持。若顾客借口推托或婉言拒见，销售人员则应客观说明情况，引导顾客取得合作，争取销售的机会，也可约定改日再见。若顾客答应在百忙之中挤出时间会见销售人员，这既可以节省销售人员的时间，又使顾客本人免受销售人员突然来访的干扰，良好的心境有利于双方的合作，造成融洽的推销气氛。

实质上，约见是销售人员销售自己、销售产品、销售观念、沟通传送和创造价值的开始。顾客接受约见，意味着顾客已初步接受了销售人员。

约见有助于开展销售面谈

通过事先约见，求得顾客的同意，可以使销售人员初步赢得顾客的信任和支持，可以使销售人员对顾客有一个感性认识。通过事先约见，可以使顾客就约会的时间和地点做出适当的安排，对销售人员的销售建议亦会有自己的考虑，为进一步的销售面谈铺平道路，也便于双方都做好充分的准备工作。约见的时候，销售人员要在约定的时间准时到达约会地点，给人留下守时守信的良好印象。经过约见，销售人员可以扼要说明访问意图，使顾客事先了解洽谈内容，做出必要的安排。事先约见顾客，让顾客做好充分的思想准备和物质准备，既可以真正帮助顾客解决问题，又可以使顾客感到销售的确是在为客户服务。事先约见顾客，让顾客积极参与，可以形成双向沟通，有助于宾主双方的相互了解，增强说服力，提高准顾客购买决策的认可程度。

约见有助于进一步了解与补充客户资料

在接近前有一个约见的过程，销售人员可以通过与准客户的初步接触，了解准客户更多的情况。如果是新的准客户，即使是通过电话约见，也可以从对方接电话时间的长短，接电话人的说话内容、顺序、声调、语速、口音等方面对准顾客有一个初步的感性认识，为以后的接近创造更多的机会；如果是老客户，可以回忆上次接触时的情景，增加接触、加深感情。通过约见阶段，还可以把新的资料补充到顾客的档案内，通过再一次回忆，可以敏锐地发现老顾客的变化情况，及时防患于未然。

约见有助于销售预测

销售预测，就是要根据客观事实，根据顾客的初步反应，来预测未来销售活动中可能发生的各种情况。即对准顾客的个性、爱好等进行了解，对销售洽谈及顾客提出的异议做出接近实际的估计等。例如，如果顾客约定单独会见，可能说明对此十分重视。个人顾客约定下班后在家中商谈，则可以想象准顾客本人及其妻子、儿女和朋友可能在场参加讨论，或者说明这位顾客的家庭民主作风，或者说明他本人没有最后的购买决策权。无论通过什么方式约见顾客，只要销售人员细致细心，善于观察，就可以根据顾客的外表、口气、声调、眼神、表情等来预测顾客的个性。事先约见，可以帮助销售人员更准确客观地预测顾客可能产生的异议，并据此来制定相应的销售方案，消除异议，促成交易。

约见有助于提高销售效率

对销售人员来说，时间是极为宝贵的。通过约见，制定一个节奏合理的销售日程表，可增加销售工作的计划性。如果无事先约见，原定的访问计划就是一张废纸，既浪费了宝贵时间，又可能错过销售机会。销售活动是一个有机的整体，每一项销售计划和销售行动都必须考虑对销售人员、销售对象和销售环境及其他有关要素的影响。若销售人员不事先约见顾客，盲目地制订访问计划，就完全可能与被访问准顾客的工作计划发生冲突。若销售人员事先约见顾客，然后再根据各位顾客的会见时间、地点等制订销售访问计划，就可以合理安排销售时间，紧紧抓住每一个销售机会，大大提高销售工作的效率。

最后，争取约见本身就是一种销售活动

在争取获得约见的过程中，主要是处理各种复杂的人际关系，如销售人员与接待人员之间的关系、销售人员与顾客之间的关系等。有时，销售人员争取约见那些掌握购买大权的经理是很困难的，而更多的是与接待人员或秘书打交道，谋求与他们的合作，以求突破一道道防线，得到经理的约见。所以，争取获得约见是与顾客直接打交道的第一个环节，对整个销售有

极其重要的意义。

总之，约见等于销售人员的战前火力侦探。假如把销售看作一场"双赢战争"的游戏，则约见就是把前一段的销售准备与后一阶段的销售面谈结合起来的战前试探性接火。约见起到了承先启后的作用。

约见的内容

约见作为销售接近顾客的前期准备工作，它的内容取决于接近和面谈的需要。作为接近顾客的一种有效方式，约见本身又是销售拜访的准备阶段，其主要内容取决于拜访活动的客观要求。在销售中，既不能以同一种方式拜访所有的顾客，也不能用同一种方式约见所有的客户。销售人员与准顾客之间的关系不同，约见内容则有所不同。此外，约见内容还取决于接近准备情况。销售人员应该根据每一次销售访问活动的特点来确定具体的约见内容，充分考虑有关顾客的各方面情况，而不是销售员随心所欲，它具有一定的规律。

确定约见对象

进行销售约见，首先要明确具体的约见对象。约见对象指的是对购买行为具有决策权或对购买活动具有重大影响的人。一般来说，销售人员在开始约见之前，就已经选定了约见对象。对于企业而言，公司的董事长、经理、企业厂长等是企业或有关组织的决策者，他们拥有很大的权力，是销售人员首选的约见对象，销售人员若能成功地约见这些决策者，将为以后的销售活动铺平道路。但在实际销售工作中，销售人员往往发现自己无法直接约见这些大人物，而需要先和他们的下属或接待人员接触。确定访问对象时应注意如下几点。

1. 设法直接约见决策人及其他对购买决策具有重大影响的人，避免在无权或无关人员身上浪费时间。

2. 尊重接待人员。无论约见何人，销售人员都应该一视同仁，不可厚此薄彼。有些要人将接待来访人员的任务全盘交给部下，他将按照部下的安排会见来宾，有时难以分清谁是真正的"要人"。销售中有句术语叫作"阎王好见，小鬼难缠"。有时销售人员必须过五关斩六将，方可见真正的销售对象。因此，为了顺利地约见主要顾客，销售人员必须争取接待人员的支持与合作，使他们乐于帮助销售人员约见其领导或购买决策人，而不是为难或阻挠。

3. 做好约见的准备工作。销售人员应准备好必要的销售工具和销售辅助器材，如样品、照片、鉴定书、光盘、录像带以及必要的企业合法证件或其复印件、介绍信、引荐信、名片、身份证等，最重要的是要调整好自己的情绪及态度。

总之，约见的第一项任务，就是确定适当的约见人选，只要销售人员认真进行接近准备工作和顾客资格审查，就可以准确地确定约见对象。

确定约见事由

确定了访问对象，接着就要向对方说明访问事由。任何销售访问的目的只有一个，就是成功地向顾客传递、沟通我们的产品或服务带来的价值，让客户接受我们的产品，产生购买行为。但是，具体到每次访问的目的，却因销售活动的进行程度和具体情况不同而有所不同。销售人员约见顾客，总要有充分的理由，使准顾客感到有会见销售人员的必要。但就每次访问而言，访问的事由不应过多。一般说来，约见顾客的目的和事由不外乎下列几种。

1. 销售产品。销售访问的最终目的是希望顾客接受我们的产品，完成销售任务。在约见顾客时，销售人员可以向顾客说明访问的真实意图，并设法引起准顾客的注意和重视，着重说明所销售产品的特性和用途，以及能给准顾客带来的好处。若准顾客确实需要销售的产品，自然会欢迎销售人员的来访，给予必要的合作。若顾客根本就不需要所推销的产品，而推销人员以借口约见顾客，必是强人所难，自然推销不成。如果销售人员坚信其产品对某特定的准顾客有利，而这位准顾客又拒不接见，此时销售人员可以适当运用一些技巧，在顾客方便时，再次约见。

2. 市场调查。市场调查是销售人员职责之一。销售人员既要为直接销售进行准备，又要为企业经营活动提供制定决策的情报依据。销售人员把市场调查作为访问事由来约见顾客，比较容易被准顾客所接受，这既有利于搜集有关资料和信息，为进一步销售做好准备，又可以避免强行推销，甚至由市场调查转变为正式销售产品，以至当面成交。

3. 提供服务。各种销售服务与销售活动密切相关，顾客十分关注，服务亦成为销售的保证。服务在市场竞争中起着越来越重要的作用，所以各企业和销售人员都应重视为顾客提供服务。其实，销售本身就是一种服务，销售人员就是服务人员。没有服务或服务不佳，销售便无从谈起。利用提供服务作为访问事由来约见顾客，比较受顾客欢迎。既可完成销售任务，又可扩大企业影响，树立企业和销售人员的信誉。

4. 签订合同、收取货款。在实际销售活动中，有时当面成交，当面签约，当面交货，当面付款。而这种情况多属于微小购买决策，多是个人购买。大部分销售活动都不是一次能完成的。当然，因为签订合同、收取货款而去拜访客户是每个销售都非常乐意做的事。现实的销售工作中，我们有的销售以此为由，顺道拜访签约客户附近的准客户，效果非常好。因为人的本性是从众的，别的客户的签约和付款暗示客户对该企业和销售的认可。

5. 其他事由。对于一个陌生的电话，对于一个不速之客，出于人性的防范本能，一个日理万机的高层，一个经常接到推销电话的领导，出于一个"他认为"推销人员无非想掏他口袋里钞票的防范心理，在还没有认识到产品的价值之前，给予销售人员绝大多数的约见要求基本上是——"拒绝"。

那么，我们如何打破这种僵局，如何提高约见的成功率呢？

要想成功地约见顾客，我们要学会换位思考，反过来想想，顾客凭什么见我们，给他一个见我们的理由，千万不要让他觉得见你有压力。因为，每个人都喜欢无拘无束，都不喜欢被推销，都不喜欢有压力，都喜欢轻松自在，所以你需要以一种轻松的方式约见顾客，比如说顺道拜访，比如说送一些和他工作、生活相关的资料做参考之类的话等等。很多时候，不带着明确的销售目的，似乎更容易约见到客户。好销售能够把这些安排处理得非常和谐、非常艺术，切实给客户自然的感受——很蓝色。

我们可以尝试对待新客户，真诚地表示希望认识新朋友、慕名求见、当面请教、礼仪拜访等，对老客户表示感谢、联络感情、代传口信等。

其实，我们多数约见的顾客，他们之所以拒绝，主要是顾客还没意识到产品的价值，如果我们以一种轻松的方式约见到顾客，机会还是有的，当然，绝对不是见面了顾客就会买我们的产品，这还要看我们的说服力、销售功力等等因素。而我们如此大篇幅的讲解约见，正是因为99%的销售由于对约见拒绝的恐惧，而倒在成为销售精英的路上。事实上，这些都是可以培训的。

确定约见时间、地点等要素

约定的时间地点是非常重要的内容。要想销售成功，就是要在合适的时间合适的地点向合适的人销售合适的产品。经过调查，大部分机构客户的约见时间、地点是在工作时间和上班地点；而个人客户的时间地点则更灵活。

不少销售人员的失败不在于主观不努力，而是由于选择的约见时间欠佳。要掌握最佳的时机，一方面要广泛收集客户信息资料，做到知己知彼；另一方面要培养自己的职业敏感，择善而行。下面几种情况，可能是销售人员最好的拜访客户的时间。

①客户刚开张营业，正需要产品或服务的时候。

②对方遇到喜事吉庆的时候，如晋升提拔、获得某种奖励等。

③顾客刚领到工资或增加工资级别，心情愉快的时候。

④节日、假日之际，或者碰上对方厂庆纪念、大楼奠基、工程竣工之际。

⑤客户遇到暂时困难，急需帮助的时候。

⑥顾客对原先的产品有意见，对你的竞争对手最不满意的时候。

⑦下雨、下雪的时候。在通常情况下，人们不愿在暴风雨、严寒、酷暑、大雪冰封的时候前往拜访，但许多经验表明，这些场合正是销售人员上门访问的绝好时机，因为在这样的环境下前往，往往会更显诚意。

一般而言，确定时间要遵循如下原则。

①尽量为客户着想，最好由客户来确定时间。

②应根据客户的特点确定见面时间。注意客户的生活作息时间与上下班规律，避免在客户最繁忙的时间内约见客户。

③应看所销售产品与服务的特点，确定约见与洽谈的时间，以能展示产品及服务优势的时间为最好。

④应根据不同的访问事由选择日期与时间。

⑤约定时间应考虑区域性、行业性特点。

⑥应考虑交通情况、地点、路线、天气、安全等因素。

⑦务必守时！时间的安排应留有余地。

⑧合理利用访问时间，提高访问效率。如在时间安排上，在同一区域内的客户最好安排在一天访问，并合理利用访问间隙，做与销售有关的工作。

在与客户的接触过程中，选择一个恰当的约见地点，就如同选择一个恰当的约见时间一样重要。就日常生活的大量实践来看，可供约见的地点有客户的工作地点、公共场所、社交场合、居住场所等。约见地点各异，对销售结果也会产生不同的影响。因此，销售人员应学会选择效果最佳的地点约见客户。

从"方便客户，利于销售"的原则出发择定约见的合适场所，应首先遵循照顾客户要求的原则。这里对各种场合做一个简单的介绍。

客户的工作地点

销售人员往办公室里跑，几乎成为一种最普遍的拜访形式。选择客户的工作地点作为约见地点，双方有足够的时间来讨论问题，反复商议以达成共识。并且，对于机构客户的销售，在客户工作地点洽谈也非常正式。很多企业甚至会专门准备很多洽谈室和会议室。

不过，选择对方的工作地点作为拜访地点易受外界干扰，办公室人多事杂，电话声不断，拜访者有时也许不止一个。很多客户经常发生临时有事、拜访中止的情况。并且，对于一些重大项目，办公室会谈有可能会泄露情报给竞争对手的支持者。

公共场所、社交场合

美国著名的营销学家斯科特·卡特利普曾说过这样的话："最好的销售场所，也许不在顾客的家庭或办公室里，如果在午餐会上、网球场边或高尔夫球场上，对方对你的建议更容易接受，而且戒备心理也比平时淡薄得多。"

我们看到国外许多生意往往不是在家里或办公场所谈成的，而是在气氛轻松的社交场所，如酒吧、咖啡馆、餐桌上。在中国的南方如广州等地，销售人员与顾客见面洽谈也愿意在吃早茶、进娱乐厅时进行。对于某些不爱社交、又不愿在办公室或家里会见销售人员的顾客来说，选择公园、茶馆甚至健身房等公共场所，也是一个比较理想的地点。

居住场所

如果销售宣传的对象是个人或家庭，拜访地点无疑以对方的居所最为适宜。有时，销售人员去拜访法人单位或团体组织的有关人士，选择对方家庭也往往能收到较好的促销效果。当然，在拜访时，如有与对方有良好关系的第三者在场相伴，或者带上与对方有常年交往的人士的介绍，在这些条件下选择对方家庭作为拜见地点，要比在对方办公室更有利于培养双方良好的合作气氛。如果没有这些条件相伴，销售人员去某单位负责人家里上门拜访，十有八九让对方产生戒备心理，拒你于大门之外。

其他场所

我们说过，好的销售，需要敏锐创新。兵者，诡道也。一个敏锐的销售能够捕捉到稍纵即逝的时机，甚至创造合适的机会和场合，完成与客户的约见。

秦汉唐在公司成立的手续办好后，就开始着手拓展业务。正好得到一个以前单位竞争对手老客户的采购信息，便交给了销售主管白超。

白超立刻打电话给客户，工作人员说是采购主管张让负责此事，而且好像很快就要和老的供应商签合同了。白超知道自己公司代理的新产品在性能上很有优势，虽然和张让认识，但是并没有把握能够说服他支持自己。他知道这种负责采购的主管一般和供应商的关系都颇深，并且这个项目并不大，没有足够的利益让他换供应商。

不过，白超还是准备试一下。

"喂，张让大哥吗?"

"是，哪位?"

"我，白超啊!"

"哟，听说你和老秦一起创业去了嘛!"

"是啊，所以正想得到张大哥的支持呢!"

"支持那是应该的，有事你说。"

"有时间吗? 您看晚上一起吃个饭? 我也顺便给您介绍介绍我们的新业务。"

"哟，还真不巧，晚上有安排了，我们外地来了老同学，十几年没见了，推都推不掉。咱们改天再说吧! 得，我有个电话进来，回聊啊。"说完，就挂掉了电话。

白超和秦汉唐核实了一下，张让确实不是推辞他，晚上确实有同学会的安排，就在聚仙楼。但是采购就在这两天了，如果不能及时约见，还要安排个半天的演示，很可能这个机会就没有了。

不过，对于超级销售来说，没有什么是不可能的。

下班了，张让下了办公楼来到街口，因为要喝酒，所以他没有自己开车。这边本来就不是很好打车，为了避开下班高峰，他特地提前15分钟下来。今天这位老同学可是当年的班花，张让可不想迟到。

嗯，今天还很顺利，一个打着空车标志的的士缓缓开来，张让招了招手，顺便摸出了电话。

"喂——咦——喂——"

张让差点气歪鼻子，哪来的个小子，车子还差30多米的时候，横刺里插出来拉开车门就上……

　　张让焦急地看了看表，按照往常的经验，他开始往下一个路口步行。边走边看，又过去了两辆出租车，但都有客。

　　这时，一辆黑色的捷达车突然停在他的身旁，张让以为是个"野的士"。

　　"哟，这不是老张吗？上哪儿啊，我捎你一段。"

　　"老秦啊。这哪好意思啊，耽搁你办事啊，我走到前面一个路口自己打个车就好。"

　　"你还和我客气，我去人民路（聚仙楼方向）那边接个朋友，现在高峰不好打车，我顺路能捎你多远就捎多远，节约点钱，也低碳不是？"

　　张让想了一下，拉开车门，"成，恭敬不如从命。我去聚仙楼，还真巧是一个方向哈！"

　　车缓缓驶向下班的车流。

　　"对了，老秦。你们新开的公司怎么样啊？"

　　"嘿嘿，刚开始，你老哥要多支持哟！"

　　"那当然，你们公司小白上午还给我打了电话呢，现在都做些什么业务啊？"

　　"还是老行当，我们代理了一款新的专利产品，比我以前单位和目前市面上的产品性能好了很多。"

　　"哦！"张让顿了一下。"明天上午你让小白到我办公室，给我介绍介绍。"

　　"没问题。"

　　……

约见的方法

销售人员要达到约见顾客的目的，不仅要考虑约见的对象、时间和地点，还必须认真地研究约见顾客的方式与技巧。现代商务活动中常见的约见顾客的方式主要有以下几种。

电话约见法

电话约见法是现代销售活动中最常用的方法，它的好处在于迅速、方便、经济、快捷，使顾客免受突然来访的干扰，也使销售人员免受奔波之苦，可节省大量时间及不必要的差旅费用。获得电话约见，成功的关键是销售员必须懂得打电话的技巧，让对方认为确实有必要会见你。由于客户与销售员缺乏相互了解，电话约见也最容易引起客户的猜忌、怀疑，所以销售员必须熟悉电话约见的原则，掌握电话约见的正确方法。打电话时，销售人员应事先设计好开场白，在语言的组织和运用中要注意技巧。

还需注意的是，电话销售应避开电话高峰和对方忙碌的时间，一般上午 10 时以后和下午较为合适。在大家共用一个办公室或共用一部电话时，应取得大家的相互配合，保持必要的安静。

信函约见法

信函约见法是指销售人员通过信函来约见顾客。信函约见是比电话更为有效的媒体。随着时代的进步，出现了许多新的传递媒体，但多数人认为信函比电话更显得尊重他人一些。常见的约见顾客的信函方式主要有：个人信件、单位公函、会议通知、请帖、便条、电子邮件（见后边的网络约见法）等。另外，使用信函约见还可将广告、商品目录、广告小册子等一起寄上，以增加对顾客的关心。

信函约见既简便、快捷、易于掌握、费用低廉，又可免受当面约见顾客时的层层人为阻碍，可以畅通无阻传递给目标顾客。但这种方式也有一定的局限，如：信函约见的时间较长，不适于快速约见；许多顾客对销售约见信函不感兴趣，甚至不去拆阅，销售人员花费较多的时间和精力撰写的约见信函往往如泥牛入海。

一般而言，销售约见信的写作和设计原则是简洁扼要、重点突出、内容准确。语气应中肯、可信，文笔流畅。约见信的主要目的在于引起顾客的注意和兴趣，必要时可以在信里留下一些悬念，让顾客去体会言外之意，但不可故弄玄虚，以免弄巧成拙，贻误大事。

当面访问约见法

这是销售人员对顾客进行当面联系拜访的方法。它是一种试探性访问。这种约见简便易行，极为常见，是一种较为理想的约见方式。销售人员通过这一约见方式不仅对顾客有所了解，而且便于双向沟通，缩短彼此的距离，易达成有关约见的时间、地点等事宜。

销售人员在具体使用这一方式时，需察言观色，随机应变，灵活运用一些技巧，以保证约见工作的完成。例如，在途中不期而遇时，在见面握手问候时，在起身告辞时，销售人员都应该借机面约。

面约拜访方式具有五大优点：首先，有利于发展双方关系，加深双方感情；其次，有助于销售人员进一步做好拜访准备；其三，面约一般比较可靠，有时约见内容比较复杂，非面约说不清楚；其四，面约还可以防止走漏风声，切实保守商业机密；最后，面约方式也是一种简便易行的约见拜访方法。

当然，面约方式也有一定的局限性：首先，面约有一定的地理局限性；其次，效率不高，即使销售人员完全可以及时面约每一位顾客，作为一种古老的方式，也是低效率的做法；其三，面约虽然简便易行，面释疑点却容易引起误会；其四，面约一旦被顾客拒绝，就使销售人员当面难堪，造成被动不利的局面，反而不利于下一次的接近和拜访；最后，对于某些无法拜访或接近的销售对象来说，面约方式无用武之地。

尽管面约方式具有上述局限性，但仍不失为一种可行的约见方式。

委托介绍约见法

委托介绍约见法是指销售人员委托第三者介绍约见顾客的方式。所委托的第三者，可以是销售员的同学、老师、同事、亲戚、朋友、上司、同行、秘书、邻居甚至客户等，也可以是各种中介机构。委托介绍约见可以借助第三者与销售对象的特殊关系，克服目标客户对陌生销售人员的戒备心理，取得目标客户的信任与合作，有利于进一步的销售接近与洽谈。但是，委托介绍约见也有一定的限制：一是销售员不可能拥有众多的亲朋、熟人和愿意转介绍的客户；二是委托介绍人未必与目标

授之以渔我收网

顾客有交情；三是要搭人情，而且环节较多，如果所托之人与自己的关系或与目标顾客的关系较一般，导致顾客对约见的重视程度不够。因此，运用此方法特别要注意真正了解第三者与销售对象的关系。

广告约见法

广告约见法是指销售员利用各种广告媒体约见顾客的方式。常见的广告媒体有广播、电视、报纸、杂志、邮寄、路牌等。利用广告进行约见可以把约见的目的、对象、内容、要求、时间、地点等准确地告诉广告受众。在约见对象不具体、不明确或者约见顾客太多的情况下，采用这一方式来广泛地约见顾客比较有效。也可在约见对象十分明确的情况下，进行集体约见。广告约见有约见对象多、覆盖面大、节省销售时间、提高约见效率等优点，但也有针对性较差、费用较高却未必能引起目标顾客的注意等不足。

网络约见法

随着互联网的发展，以后这种办法的使用频率将越来越高。网络约见法是指通过 E - mail、web 网站、聊天室、论坛、即时通讯等网络工具约见客户的一种方法。这种方法的好处是价格低廉，并且可 24 小时进行联系，传播的信息量也较大。国内外甚至很多销售在网上建立了自己的博客和主页，供客户访问查询。既方便了顾客，也对销售有直接的帮助。

以上方法，各有长短，应就具体问题具体分析，灵活应对，选择合适自己的见面方式采用。总之以自然得体、客户感受良好为宜。电话约见不合适，就信函或者网络约见，有熟人就委托介绍，在访问的途中，有空余时间就直接当面访问，这样才能做到不浪费时间和精力，收到最好的效果。

电话："叮铃！叮铃！"

顾客："喂，您好！"

销售人员："您好，麻烦您，能请林经理亲自接电话吗？"

顾客："我就是！你有什么事吗？"

销售人员："哦，您好，林经理！不打扰你吧？"

顾客："没事，你说。"

销售人员："我叫白超！是'创一流'科技公司的行业顾问，我们公司位于一环路南四段，是专门从事销售管理软件业务的。我们帮助很多企业更好地管理销售团队，创造业绩。林经理……您准备扩大市场占有率，充实销售团队的计划，我们'创一流'公司早有耳闻了。所以我想给您看一些东西，这也许能够帮助您更好地实现计划！您觉得咱们的这次见面安排在什么时候最合适？"

顾客："那好吧，您星期二上午过来吧！"

销售人员："好的，我记一下时间，周二上午，您看10点合适吗？"

顾客："可以。"

销售人员："好的，林经理。您记住我的名字了吗？我叫白超！超越的超！那咱们下星期二上午10点见了，林经理！真高兴能有机会和您见面！"

事实证明，这种谈话模式在销售实践中所产生的效果很好。

为什么呢？因为，销售人员在这里所说的每一句话都有其各自的作用。按照其排列的先后顺序，大致可以分为以下几个阶段。

确认性问题

顾客接电话时并没有报自己的姓名，而说了"您好"。所以销售人员首先要确定，接电话的人是否真的是他想找的人。在提出确认性问题的同时，销售人员也完成了对顾客的褒扬！"亲自"这个不起眼的小词强调了顾客的不可替代性。

另外，销售人员还很尊重地问对方是否打扰，这是目前很多电话营销做得非常不到位的，读者不妨留意一下我们经常接到的保险、电信的电话营销，不明白为什么培训这个基本点都忽略了。

销售人员的自我介绍也十分理想。他两次提到了自己的姓名，而且第二次特别强调了名字。很显然，与姓氏相比，我们的名字能给我们的谈话对象留下更深刻的印象！在提到自己公司名称的时候，销售人员直截了当地介绍了这次谈话的价值所在：更好地管理销售团队，创造业绩。销售人员找到了很好的契合点：契合点是指与顾客直接相关的推断或结论。在此次谈话中，销售人员所找的"契合点"表明，他把顾客的需要放在第一位。

> 电话："叮铃！叮铃！"
>
> 顾客："喂，您好！"
>
> 销售人员："您好，麻烦您，能请林经理亲自接电话吗？"
>
> 顾客："我就是！你有什么事吗？"

销售人员："您好，林经理！我叫白超！是'创一流'科技公司的行业顾问，您现在方便接电话吗？"

顾客："我现在很忙，以后再说。"

销售人员："抱歉打扰您了，林经理。您既然这么忙，那您看方便的话，我给您发邮件吧？我是从事销售管理软件的业务员，我确信能够为您带来很大的价值。我们帮助很多企业建立了更好的管理销售团队来创造业绩……要不给我您的QQ号码，或者您手机号码，我给您短信留言，在您方便的时候再联络您？"

顾客："……你发资料到我的邮箱吧，有需要我联系你。"

销售人员经过认真准备后，在邮件中简明扼要地介绍了自己的公司，以及曾经给客户带来的好处，并且提出客户有可能关心的几点问题，表达了进一步交流的意愿。还书面提出合适的时机并提出下次约见的请求。

第二天上午10点半。

电话："叮铃！叮铃！"

顾客："喂，您好！"

销售人员："您好，林经理！我是白超！是'创一流'科技公司的行业顾问。昨天给您打了电话，您要我发邮件给您，昨晚我整理了一下资料并给您发了邮件，现在想和您确认一下。"

顾客："哦，不好意思，我还没有看啊。最近很忙啊……"

销售人员：“那我电话里简单和您说一下吧，林经理。我叫白超！黑白的白，超越的超。是‘创一流’科技公司的行业顾问，我们公司位于一环路南四段，是专门从事销售管理软件业务的。林经理……通过您的同行，知道您非常重视管理，重视销售。我们早有耳闻了你们优秀的销售团队，作为一个销售员，我非常想拜会您，一方面向您学习，另外也给您介绍一下我们的软件工具，它能够帮助您更好地发现一些问题，更好地管理，业绩更上一层楼！您觉得咱们的见面安排在什么时候最合适呢？……您现在这么忙，下周是不是好点？您看是下周二上午好，还是周三下午好？”

顾客：“那好吧，您星期二上午过来吧！”

销售人员：“好的，我记一下时间，林经理。您记住我的名字了吗？我叫白超！超越的超！那咱们下星期二上午10：20见了，林经理！真高兴能有机会和您见面！”

有时，我们的销售只要保持良好的心态，戒除急躁的心理，换位思考，让客户感受到你真诚和负责任的态度，约见不是一个难事。

接近的方法

经过约见，当销售可以和客户正式接触时，销售工作便进入正式洽谈的阶段。所有的销售都会遇到客户冷淡拒绝的态度，打破僵局，融洽气氛是每个销售需要运用技巧和智慧必做的功课。

人和人的情感，从负面到正面依次为憎恨、厌恶、反感、平淡、好感、喜欢、热爱。

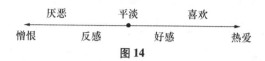

图14

可以说，如果客户对销售有反感是不会同意约见的。但是对于一个陌生人的初次拜访，顾客总会存在"你是否会要求我购买呢"的抗拒心理和"见面也好，听听说什么"的好奇心理。即便是对产品有兴趣，对人总还是有戒心的。因此，销售的初次拜访和沟通往往决定对方对你的第一印象如何。是引起兴趣，打消戒心？还是遭到拒绝，铩羽而归？

因此，作为职业的销售人员，我们特别强调的就是："不要卖得太快！"

让我们回顾一下，销售是什么？

销售，是创造、沟通与传送价值给顾客使其受益的过程。销售是介绍商品提供的利益，以满足客户特定需求的过程。销售，是帮助有需要的人们得到他们所需要东西的过程。

所以，当我们初次拜访客户时，请先忘掉销售的业绩压力，忘掉卖；多想想客户的需求、想要的利益和价值，如何帮客户买。任何销售，在客户处首先应该建立的是信任。而初次拜访，信任度都是从零开始。所以，请务必重视第一印象的锚定效应。

开场白

第一次拜访客户，好的开场白是职业销售必须熟练掌握的。

好的职业销售，在见到客户之前，至少准备了不同场景、不同方式的开场白，并且已经自己预演且熟练于胸。

开场白旨在说明销售这次造访的原因，同时解释这次会面对顾客有何效应，好的开场白可以使你自己的期望与顾客的期望衔接，显示销售人员办事有条理，显示销售对客户的尊重，善用客户的时间；好的开场白还容易让顾客打开话匣子。

好的开场白首先要有拜访主题，并且拜访主题要让对方觉得对他有帮助，好的开场白要能够使气氛和谐。初次拜访首先要介绍公司和专长，再介绍自己，再说明为什么来访。重复拜访要对上次拜访总结并重新开场。

当客户问"你是干什么的"时候，"我是销售 XX 牌机器的"是非常糟糕的回答。

很显然，他忘掉了我们销售的本质是为对方创造价值，并使对方收益。在如今这个快节奏的时代，"谢谢您花时间接待我"将是一句最好的开场白，然后给对方递上名片，并做自我介绍。这样客户既能看到又能听到销售的名字，会留下很深的印象。

"您好，林经理，我是创一流公司的白超，很高兴您能接待我。我今天来的目的是想了解一下您在提升销售生产力方面有什么计划，看我们是否能够协助您更好地实现管理。"

白超既介绍了自己，又说明了拜访的目的，以及给客户带来的好处和利益（提升销售）。接下来就可以尽快顺利地把话题转移到"发现需求"的问题上来。介绍完毕后，白超有可能会继续这样说。

"最近很多公司在使用我们的销售管理工具和经过培训后，

销售管理大幅提升，销售人员能力大大提高，老客户的管理和目标客户的管理都更加有效，销售离职带来的客户信息流失现象得到了很好的改善，并且销售团队业绩明显提升……"

"所以，林经理，在提升销售管理方面，您最关心的是什么？"

在很多和客户交流的场合，与业务无关的寒暄被视作一种开场白，原因是有助于缓解心理的紧张情绪，找到共同点，减少因双方意见不同而产生的负面影响。是的，在大多数交际场合，第一次见面难免紧张。很多销售存在拜访恐惧，很多客户也同样存在关系焦虑，因为人们通常不喜欢接受推销，而更愿意主动购买。

然而，当我们面对的客户是机构客户的决策人、采购主管等这样的角色时，他们往往见多识广，比销售在心理方面更强大。谈论的问题至关重要，客户希望听到实质内容的时候，很多人对主题更感兴趣。这时，一些与业务无关的寒暄不一定是必要的。

客户多数情况下也会尊重销售人员，与业务无关的话题会被视为浪费时间，甚至客户会认为该销售业务不熟悉，不能对自己的问题提供解决方案。

因此，销售在接触客户建立好印象方面，总体策略就是表现出对客户的尊重，如衣着得体；表现出自己的称职，具备足够的知识或由第三方推荐；寻找和客户的共同点，兴趣爱好、观点和熟人等；以及要有目的性，即阐明拜访目的、过程以及对买方的裨益。

总的来说，接近客户的开场白要如何才算好，并没有简单的答案。人情世故多半还是要靠销售不断地实践和总结。很多销售书籍都有总结和介绍各种各样的方法，如寒暄、赞美、提问、请教、馈赠、征询、引荐甚至表演等，这里就不一一赘述。

销售接洽和陈述演示

这个阶段并不一定是完全独立分开的。有些技术型、方案型的销售，陈述演示会非常规范。而很多销售活动，其销售接洽过程的挖掘需求和陈述讲解往往是交叉进行的。

这里我们重点要讲解销售接洽过程中，和客户接触后，开始发掘客户需求中的工作要点，要知道这些工作都是通过沟通完成的。一个客户如果确实没有足够的需求，我们的销售也很难为客户创造价值。

表6

优秀的销售	欠佳的销售
·研究目标客户的背景	·很少研究客户的背景
·动员别人引荐潜在客户	·依靠公司的客户名单
·以提问为开场白	·以讲述产品为开场白
·以满足需求的风格介绍产品	·千篇一律地介绍产品
·强调客户的需求	·强调产品利益
·让潜在客户做购买决策	·仅关注最重要客户提出的异议

发掘需求

在建立了初始的融洽和谐的关系后，销售就应该开始了解客户。优秀的销售会努力去理解潜在目标客户的想法，而不是一味地讨论产品及其利益。这似乎不够直观，但却是一条真理。

一家眼镜店，进来3位顾客，客户的目标是买太阳眼镜，作为一名优秀的销售，你能创造、沟通和传送价值吗？

"帅哥你好，有什么需要吗？"

"最新款的太阳镜我想看看。"

——哟，这是一位耍酷的帅哥。

"大姐您好，有什么需要吗？"

"最近太阳太大了，都睁不开眼睛。"

"哦，就是，老眯着眼都起眼角纹了。"

——这是一位怕阳光过强眯眼睛增加眼角皱纹的大姐。

"哟，小姑娘，怎么眼睛这么肿啊？"

"昨晚和男朋友吵架了……"

——这是一位哭肿了双眼不方便出门的小姑娘。

很显然，不去了解客户需求，仅仅讲述产品，将无异于南辕北辙。同样是购买太阳眼镜，有的是为了耍酷；有的是怕阳光过强，怕眯着眼睛容易增加眼角的皱纹；有的也许是昨天跟男朋友吵了架哭肿了双眼，没有东西遮着红肿的眼睛不方便出门，因此要买一副太阳眼镜。每个人的特殊需求是不一样的。

不管是造型多酷的太阳眼镜，如果是镜片的颜色比较透光的话，那么这幅太阳眼镜提供耍酷的价值和利益，是无法满足担心皱纹以及希望遮住红肿眼睛的两位客户的特殊需求的。

识别动机

我们需要记住，客户购买的并不是产品或服务，而是能解决问题和增加机会的方案。承包商不需要推土机，只希望垃圾尽快以最低成本得以清除；工厂厂长不是要买数控机床，而是关心怎样节省时间，降低损耗和减少残次品。因此，销售人员的职责是发现真正的需求，告知客户关于产品和服务的特征、功能和特点，以及能够满足需求带来的价值。

很多销售，到现在还没有搞清楚人们为什么购买。这里我们再次明确一下，所有客户的购买动机，无非是四个字——趋利避害！

获得利益和规避损失，是人类永远的话题。对比起来，对损失的恐惧有时更甚于对获得的欲望。那么，明确客户想要获得的利益，以及亟待解决的问题、规避的损失和摆脱的烦恼就是我们销售人员的主要工作了。

研究表明，销售人员发现需求与成功销售之间存在直接关系。成功的销售拜访比失败的销售拜访包含了3倍以上的明确需求信息。当然，这里明确的需求信息并不是主观臆测的，而是客户必须认同的需求。客户并未意识到或者不认同你发掘的需求以及提供的解决方案，你还一味地推荐，那等于对牛弹琴。并且，这种推荐会影响到前面建立的良好印象和关系。客户会认为你并不是真正关心和尊重他，或者你不了解实际情况。

因此，发掘需求就是了解对方最根本、最重要、最紧迫的需求，并且也让对方认同这些需求。一旦双方认同这种需求，并经过确认，讲解和成交实际上很快就能完成。

当客户是组织机构时，我们还要清醒地认识到，影响决策的任务动机和个人动机。组织机构中典型的任务动机之一——财务动机，就是减少成本和增加收益。当然还会有很多不同的任务要求。比如政府项目中的安全动机、稳定动机。而个人动机则要关心其个人的兴趣爱好，人际关系的影响，尊重、认可、权力和名声等的需要。比如，有的决策者个人就是喜欢大品牌，有的则对低价格敏感。

提问与倾听

根据调查，只有1%的客户认为他们遇到的销售人员有出色的销售技能，而69%的客户则批评销售人员差劲和平庸的工作水平。很多销售认为让客户多听自己讲解更重要，而没有意识到，只有认真倾听才能确定顾客需要什么。

在一个为期12年、对23个国家35000个销售访问的研究中发现，成功的推销除了具备策略性开展访问、处理反对意见、有效使用接近技巧等因素外，至为关键的一点，在于发现潜在顾客需求的能力。

人们的需求是非常复杂的，发现需求的一种最好方法就是选择时机向顾客提出问题。为了有效地提问，销售人员必须懂得问些什么以及怎样提问的技巧。

问些什么

顾客的需求产生于他已经拥有的和他希望得到的之间的差异。因此，销售人员可以问顾客现在的情况、面临的困难和不满，进而问到他们想要的。认真倾听他们的回答，您就可以掌握顾客的真正需求。了解顾客需求的问题，内容大致可归纳为以下四种问题。

相关情况问题：询问潜在客户与您产品相关的基本情况。比如，"咱们公司每个销售管理的潜在客户上百吧？"这将有助于你大致了解顾客的需求。

疑难问题：询问潜在顾客觉察到的与您问到的基本情况有关的具体问题、不满或者困难。比如，"销售离职会不会造成客户信息流失?"通过询问疑难问题，能够及时了解潜在顾客所面临或亟待解决的难题，也有助于潜在顾客认清自己的问题所在和明确需求，进而激发他们解决问题的欲望。

暗示性问题：询问潜在顾客存在问题的内在含义，或者这些问题对其家庭、日常生活和工作产生的不良影响。例如，"销售离职造成客户信息流失，那不是一些重要的销售机会就错过了?"暗示性问题能够在潜移默化中引导潜在顾客主动去讨论目前存在的问题，并且认真思考如何加以改进，激发潜在顾客的购买欲望。

需求确认问题：询问潜在顾客是否有重要或者明确的需求。比如，"如果有一套系统能够全面保留客户信息资料，及时转交给别的销售，及时跟进销售机会，您想不想看看?"如果潜在顾客的回答是肯定的，表明这一需求对顾客而言很重要，这样，你可以重新问其他疑难问题、暗示性问题、需求确认问题，以便进一步发掘潜在顾客的其他需求。如果潜在顾客的回答是否定的，表明这一需求对于顾客无足轻重，但你仍可以继续从其他疑难问题、暗示性问题、需要确认问题入手，寻找顾客的其他需求。

怎么提问

什么是销售的重点? 本章节可以说就是成功销售的重点中的重点。

优秀销售和平庸销售的差距在此拉开，优秀销售通过恰到好处（合适的时间，合适的地点，和合适的人，提出的合适的问题）的提问，获得了更全面的信息，建立了更专业信任的形象，明确了更清晰的需求；平庸销售则反之。

提出问题并非想象中那么简单，你不仅需要了解客户心中的需求，同时还要在不引起对方反感的前提下获取信息，并帮助客户更清楚地了解需求。研究表明，通过询问获得信息、了解需求在复杂销售环境中具有至关重要的作用。

提问的目的，是为了得到需要的信息、了解真实的情况、促进对方的参与（消除逆反）和明确真实的需求，达成共同的认识，提问不是审问，不能让对方不舒服。优秀的销售可以通过提问实现导向、定向、变向、试探、启发、激励、诊断、传递、共识的功能。

大部分的销售，都知道提问可以采取两种形式：封闭式和开放式。但是如何用好这两件武器，会与不会，熟练和精通与否是有天壤之别的。

封闭式问题可以用简单的"是"或者"不是"来回答，或在几个固定选项中选择其一。例如"……对您是否重要？""您是否在寻找……""您看是这个周五还是下个周一送货？"封闭式问题通常很容易回答，目的是获得反馈意见和承诺，并且有利于将顾客引向一个具体的话题。

开放式提问是一种让顾客可以自由地用自己的语言来回答和解释的提问形式。这种提问方式是优秀的销售必须能够掌握和灵活运用的。现实生活中，中国人的习惯是封闭式问题多过开放式问题，比如见面就问"吃了吗？""吃了"就应付过去了，没有人会认真。而开放式问题是会让被提问者认真思考，并且感受到提问者是真正关心他的。

开放式问题不能用简单的"是"或"不是"来回答，它会被用来明确一个主题。这些问题更适合用于探察某些销售机会。例如，销售人员可以这样询问顾客"产品在使用过程中感觉如何？""您对目前的产品有哪些不满意的地方？"……

以开放式提问询问顾客并且耐心等待，或用鼓励的语言让顾客大胆地告诉你有关信息，提高顾客的参与性，这样，你获取的信息也就比较多。

不过需要重视的是，我们很多销售在提开放式问题时，不注意场合和身份，提的问题"太开放"，让客户感觉非常尴尬。

为了获得更详细的材料或使讨论继续下去，进行开放式提问时需要掌握"刨根问底"的技巧。通过追问可以完整地了解顾客的需求，并且知道每一需求背后的详情和原因，知道需求的优先顺序。

案例1（封闭式提问）：

问：您对目前这个系统有什么地方不满意的？答：不好用。

问：您还有什么不满意的呢？答：服务不好。

问：您还有没有不满意的呢？答：没有了。

案例2（开放式提问）：

问：您对目前这个系统有什么地方不满意的？

答：不好用。

问：您说的"不好用"是指什么呢？

答：启动太慢了，功能太复杂，销售不愿意用。

问：除了启动太慢，功能复杂，您还有其他不满意的吗？

答：服务不好。

问：服务哪些地方不好？

答：没有培训，安装上以后就给了一个服务电话。上门还要收费。

问：您还有其他不满意的吗？

答：没有了。

例1通过追问，完整地了解了顾客目前面临的问题。但是，并没有真正了解问题背后的详情。例2从"不好用"、"服务不好"这一般化的、容易产生歧义的回答中，继续刨根问底了解到了顾客对系统的具体要求，全面详细地了解了顾客的问题。

除了封闭式和开放式问题外，我们还提出了其他一些有助于探察计划的问题类型。

①**征得许可**。这种封闭式提问需要征得对方同意开展一个主题。问题的设计要让回答人感到轻松，并符合社交礼仪。"我能就咱们公司目前的销售管理提出几个问题吗？"

②**探究事实**。这类问题关注于业务、个人和现状的事实信息。诸如这样的问题："咱们的销售都能完成业绩吗？"紧跟着是关于对方目前情况的问题："对一段时间未出业绩的销售，您如何考核工作量呢？"

③**寻找感觉**。这类开放式问题用于揭示客户对某种情形的感觉和这种情形潜在的结果。这些询问有利于掌握客户需求的迫切程度。"您觉得如果上销售管理系统后情况会如何？""如果用系统管理起来对您的销售队伍会产生什么影响呢？"

④**核查**。销售进一步核实自己是否确切理解客户的想法，

以确保和客户统一意见。"如果我理解得没错的话，您的意思是说如果能够在短时间内让所有的销售用起来，我们会考虑实施这个系统。我的理解对吗？"

发掘客户需求，通常需要提出一系列的问题，这个过程往往以一个许可式的问题和开放式或封闭式的问题开始，紧接着探究事实、寻找感觉和提出些核查类的问题。在了解信息时，询问的基本原则是在适当的时候告诉顾客你为何需要这些资料，这可以使顾客更乐于回答你的提问。

在提问中，尽量开放式和封闭式问题交互使用，如果顾客的需求不够明确，你必须追问清楚；如果不能肯定顾客的需求，你可以用封闭式问题进行确认。但请注意，不要使用过多的封闭式问题，否则会令顾客有被审问或被强迫的感觉。

倾听是询问的重要部分，只有认真倾听才能提出有针对性的问题，顾客才会有进一步与你交谈的兴趣。

一位顾客来到水果店。

销售员：小姐，您是要买水果吗？

顾客：（点头）是呀。

销售员：（拿起一个苹果）想买苹果吗？新到的红富士。

顾客：（摇头）不想。

销售员：（又指指旁边的香蕉）香蕉怎么样？

顾客：（摇头）不要。

销售员：（快速的走到猕猴桃的旁边）那您一定是想来点猕猴桃了，维生素之王？

顾客：（摇头）不喜欢。

销售员：（变魔术般捧起一个大西瓜）天热，买个西瓜回家吃吧？

顾客莫名其妙的表情，走开了。

销售员：哎——再看看别的啊！

这位顾客是被销售员那一连串的封闭式问题吓走的。

作为一名销售人员，要善于掌握使用不同形式的问题进行发问的技巧。在发掘客户需求时，多用开放式的提问；在向客户确认自己的理解时，则适合多用封闭式的提问。通过精心准备的问题，把握潜在顾客的购买需求，并把产品的利益和潜在顾客的特定需求结合起来，解决顾客面临的问题，实现他的目标，您也就成了潜在顾客的顾问或者朋友，而不是喋喋不休的推销员，这将大大增加销售成功的可能性。

思考：下列哪些是开放式的问题，哪些是封闭式的问题？

- 您是否已经决定更换这台电脑了？
- 咱们单位的采购流程是怎样的？
- 下周二下午我来拜访您，好吗？
- 您希望能解决哪些具体的问题呢？
- 对于培训和售后服务，您还有其他方面的要求吗？
- 是什么原因使您觉得不想使用呢？
- 您代理的 A 产品和 B 产品哪一种更好卖呢？
- 在下周之内能出结果吗？
- 今天有什么开心事啊？

●金融危机对咱们的企业有什么影响吗?

●如果能够解决现在的这些问题,咱们会考虑在年内

实施吗?

仅有正确的提问还远远不够,高效的销售人员同样是细心的倾听者。这就意味着他们会主动去听取他人的意见,同时以点头表示赞同、微笑和做笔记等。同时,主动倾听还包括非语言的提示。销售人员不应仅局限于自己对客户所描述的问题做反应,更需要认真揣摩客户描述的全部内容,甚至包括客户的言外之意。

事实上,相对于销售人员提出的问题,当客户主动提出问题时,成功的几率会更高。这就需要我们在组织提问时,随时关注和顺应客户的反应。

客户老总的办公室,销售员在介绍系统。

销售:李总,我们的系统使用效果很好吧?

客户:不错,操作起来挺简单,我们的销售上手很快。

销售:那太好了!除了易用性以外,我们在销售管理这块也是完全标准化的流程,对于整个销售团队的管理能够大幅提升,对销售的业绩考核也非常方便。

客户:是吗?建立了标准化流程之后就有章法啦。上周我参加一个同学会,我还和我几个开公司的同学说你们的产品好呢!

销售:不仅标准化流程有章法,我们的售后培训和辅导也让销售能力整体上一个台阶。

客户:是的,培训很重要,尤其是训练,不能光培而

不训。我们希望能够定期地开展销售团队的培训考核。

销售：您放心，我们就是销售的黄埔军校，绝对给您带出来的都是将军。这些年经过我们认证的销售，很多都走上了各行各业企业的骨干和领导岗位，创造了很好的业绩。并且，我们还为您提供一流的销售人才，我给您介绍一下目前公司这块的业务——（销售人员一直在对客户讲解，客户听着，频频点头——电话响了，客户接起电话）

客户：哦，好的，我马上过去。（放下电话，转向销售）不好意思，我还有个重要的会议要开。

销售：没关系，今天谈得很投机，我就不耽误您时间了，告辞了。

我们有多少销售会像上面这位一样，只知道说，不知道倾听呢？事实上，上面的这次会晤，至少有两处非常有价值的信息，一是老总给同学介绍夸奖我们的系统，这是很好的转介绍的机会，并且该老总一定会因为有面子而非常乐意去做的；第二，就是在客户提出定期的培训考核时，销售并没有意识到客户的需求并深入地挖掘销售机会。

陈述演示

很多销售，之所以陈述演示失败，就是因为在售前准备阶段不充分，或向前面案例中的销售人员在接洽阶段未发掘客户需求，最后往往形成自拉自唱的尴尬局面。

销售的陈述演示阶段，是销售人员向客户传递信息、沟通思想的过程，是促使客户形成购买决策的特定过程。这是个严肃认真的过程，需要销售有的放矢，而不是随心所欲。因此，如何进行陈述和演示非常重要。

销售陈述是通过对所提供的解决方案和产品优点的介绍，使客户相信你介绍的解决方案和产品恰好能满足他们需要的过程。销售陈述一般在以下两种场合进行：针对单个客户或者针对团体客户。

好的陈述演示所产生的效果要大于公司和产品的知名度对客户的影响。因此，销售人员不必因为自己的产品没有做过广告，或知名度低而产生畏惧的心理，实际上完全可以凭借自己专业的陈述演示来成功地打动客户。陈述演示是销售人员的基本功，一定要把这一极为重要的基本功练扎实。

销售陈述演示的方法，分为记忆式、公式化、满足需求式和解决问题式。

传统的销售，多半是记忆式的陈述，并且基本上没有演示。很多销售人员很勤奋地背下了产品所有的功能，编排好严格细密的次序，不厌其烦地对着客户重复着一致的陈述。这种方式，目前真人面对面已经很少采用，多半录制成视频不断地反复播放，还有就是电视购物，重复 1000 遍也不会念错一个字。

虽然随着销售技术的进步，这种陈述已经很少采用，不过对于一些推销时间短（比如挨家挨户），且针对非技术性的产品，这个方法还是行之有效的。

当然，其缺点就是把所有的客户都假想成一个固定模式。并且这种陈述很有可能展示的特点、优势和利益对客户并不重要。另外，重复的记忆式陈述会让客户感到厌烦和机械，客户体验很差。

公式化的陈述演示。主要采用客户可以看到的图片、照片、展板、提纲、销售指南或手册等一系列安排得当的辅助工具来帮助销售介绍和展示，激起客户兴趣，并促成购买。公式化实际是一种劝说式销售展示，与记忆式方法相近，以相似情况下的相似潜在客户要用相似的展示进行接触这一假设为基础。相信我们大家都有过参加旅行团，半路转到某特产购物城，一组人被安排在一个会议室，整套的公式化陈述演示下来。在很多的直复式营销以及很多早期的保险、房屋、汽车等销售中都存在这样的陈述演示方式。

公式化的陈述演示对比记忆式而言，其进步之处在于增加了和客户的互动，更显自然亲切，客户也可以积极参与。同时对销售提出更高的要求，需要能够应对异议和控制场面，保证陈述演示的正常进行。这种方式对最近有过购买的顾客，以及销售对其业务很了解的潜在客户比较有效。

对比前两种而言，满足需求和解决问题式的陈述演示，是一种灵活互动的交流式的销售陈述演示。运用起来，必须积极、主动、灵活。前提是以销售和客户的合作态度为基础。

在进行这样的陈述演示之前，销售就已经进行了大量的工作，通过销售接洽阶段，成功地发掘客户的需求和亟待解决的问题，并且和客户就这些需求和问题达成一致的认识。再进行销售陈述和演示的目的，是为了向客户证明产品的功能、特点能够满足客户的特定需求，解决方案能够解决客户的问题。

需要指出的是，这样的陈述演示针对性很强。销售并不需要介绍产品的所有功能和特点。其基本特点如下。

首先，利益是销售陈述演示的重点。

销售要确保解决方案和产品利益与客户需求之间的精确匹配，客户不会理解那些他们不明白的特性，也不会重视那些与他们的实际需求无关的的利益。另外，对个人客户，一般向客户重点介绍的能满足客户需求的优点和利益点不超过 3 个，因为客户一般不会记住太多的产品优点和利益。对机构客户，由于各个角色的具体需求不同，我们要按照主次顺序并权衡轻重，全面地照顾到采购方的人员。

其次，销售陈述演示要妙趣横生，增加互动，吸引客户。

产品陈述需要遵循注意力、兴趣、渴望以及行动的原则。除了针对销售对象的需要，展示你的产品所具有的优越性和价值外，你还必须使销售陈述变得生动有趣，充分调动你的形体语言，而最好的形体语言技巧之一是微笑。

通过提问、试用产品、产品演示等方法激发客户参与到销售陈述演示中来，通过让潜在客户的参与，你会抓住客户的注意力，减少客户对购买的不确定性和抵触情绪。事实上，通过问答的方式，从买方的嘴里积极描述出的利益，比你描述相同的内容而卖方消极地听，效果好百倍。

然后，我们要通过证明性的陈述和演示使客户更信任。

销售可借助第三方来证实你的产品优势和利益。用事实说话：图片、模型、VCD 等都是最好的选择方法；让专家说话：权威机构的检测报告或专家的论据；让数字说话：产品的销售统计资料及与竞争者的比较资料；让公众说话：来自媒体特别是权威报刊、杂志的相关产品报道；让顾客说话：客户推荐函以及一些实际使用的实例等。

最后，在针对机构团体客户的销售陈述演示中，我们要注意以下几点。

①给陈述演示准备好幻灯片，整个内容写一个提纲，根据重要性依次排列：产品的竞争优势；与你合作过的重要客户名单；公司的质量保证和资格认证；公司的规模历史等。要自己先预演，避免"卡壳"现象。

②了解每一个客户：知道每个参加会议的人的姓名和头衔；拜访或者致电参加会议的每一个人；知道每个参加会议者的角色与职能分工，谁是决策的关键人？

③根据与会者的角色不同安排陈述演示内容。一般来说，与会者以企业最高决策人董事长、总经理等为首的客户，他们关心生产效率提高、收入大幅度增长、销售量增加、市场份额扩大、成本降低等等，那么销售应该在利益上做足文章，突出带来的投资回报率，有明确的数字和百分比，如提高收入或减低成本百分之多少等。与会的技术人员，则对产品的特性、数字、标准和解决方案的优势感兴趣，如果你的关键人中是有技术背景的，不妨对这些问题作更详细的叙述。另外直接的使用者需要了解解决方案具备哪些功能，如何为他们简单而有效率的工作等。原则是影响力越低的人，你在其感兴趣的话题上花的时间越少，但应表现出足够的尊重，如果有人提出太多的问题，建议会后单独与他进行讨论。

④留够提问和讨论的时间。有三种情况要注意：客户提的问题太简单，不要表现出轻视甚至轻蔑的态度；客户提的问题

太难，不要慌张，可以告诉客户自己拿不准，需要回去查一下才能给一个准确的答案；客户有意刁难，可能是支持你的竞争对手的，遇到这种情况，可以这么讲："您的问题非常好，不过需要比较长的时间来讨论，我们最好以后再详细谈谈这个问题。"

⑤事先分发陈述稿，可以帮助客户理解陈述演示内容。但对于公司的秘密或可能带来法律问题的内容（如对竞争对手的贬低），不适合书面形式交给客户。

总之，我们进行陈述演示的目的，是为了向客户证明我们能够给客户的需求带来利益和能够解决客户的问题。因此这个阶段的工作重点是认真对待客户的问题和需求，运用我们的专业力量切实地提供最有价值的解决方案。

我们的目的就是要让客户认可我们的价值。这个阶段的工作需要我们秉承认真负责的态度去面对。

案例：某设计软件公司的销售在拜访完客户之后，当天晚上发送邮件备忘录如下。

尊敬的刘总：您好！

首先，很荣幸认识您。今天在您的带领下与技术部莫总、李工、我公司华东大区经理王强，共同沟通贵公司当前的现状与发展，并达成共识与计划，为保证下周演示和下一步实施效果，特将沟通的要点归纳总结如下，如有疏漏和不妥处请您多多指正。

一、贵公司技术部的现状

1. 无法实现虚拟实体、装配体干涉检查，增加样件数量，研发成本无法下降，工作效率无法提升。

2. 由于制造样机、返工等原因，造成大量重复劳动。

3. 验证仍处于初期阶段，时间、人力成本居高不下；无法快速优化产品，较难适应市场创新节奏。

4. 二维 CAD 系统无法看到立体图与剖视图，生产车间无法理解创新产品，影响交流、宣传。

5. 二维 CAD 系统的应用影响了贵公司的产品开发效率和质量，以及企业的发展和竞争力。

二、技术部面临以下挑战

● 缩短研发周期

● 保证产品质量

● 提高工作效率

● 降低研发成本

三、技术部的目标

1. 设计周期缩短1/3

2. 减少重复设计，降低生产成本

3. 设计分析一体化，提高产品质量和性能

四、达成的共识

1. 我们将在下周三安排产品演示会，具体参加人员名单由您指定为，技术部莫总工、李工、工艺部（待定）、生产部张部长。

2. 本次演示会的目的是证明技术部的目标是可以实现的，在得到参会人员认可后，将由我方出具解决方案，由您审批提交实施。

具体演示会的安排，请见附件。再次感谢您的支持，

并祝您及您的家人新春快乐！工作顺利！祝贵公司在新的一年再创佳绩，更上一层楼！

　　此致

任真

20××年2月16日

异议处理

异议就是客户对销售的陈述提出的反对意见。客户在销售的任何阶段都有可能提出异议。

有人认为，异议对于销售就像空气一样；也有人认为，当异议出现的时候，才是你真正挖掘到金山的时候。总的来说，异议的出现对销售人员不一定都是坏事。有异议，就意味着有成功的希望。

探究客户产生异议的根源，主要是因为任何人都有本能的自我保护。在对商品没有足够的了解和缺乏购买条件，以及没有唤醒客户的需求和购买欲望的时候，客户的本能是维护自己的利益和尊严。基于对很多销售介绍的不够满意，客户的异议随之而生。

因此，销售人员的正确做法是，时刻牢记创造、沟通和传送价值给客户，找到客户的特定需求，在行动上要让客户对自己信服，效果上让客户对我们的产品或解决方案有兴趣和信心，最终就能成功地达成交易。

经过长期总结，客户异议的类型主要有以下几类。

需求异议。是指客户认为自己不需要销售介绍的商品。比如客户会说："这东西对我没用。"经销商会说："目前我们的存货已经够了。"可以说，需求异议是最根本的异议，是客户对销售活动的彻底拒绝和否定。连需求都没有，更谈不上价格、交付实施和售后服务了。

产生需求异议的原因，一是客户确实不存在与销售人员的产品和服务相关的需求，这时我们的销售人员要好好检讨自己销售前期的准备工作了；二是客户不愿直接面对销售，捏造借口，或者客户有需求但是自身没有意识到。这种情况下，销售要和客户建立良好的沟通，熟悉自身的产品和服务，充分地将产品的特点和客户的利益对应起来。

销售员异议。是指客户拒绝接待某一企业的或某一特定的销售人员，拒绝购买他们的产品。这种情况的出现，一定事出有因。如果是拒绝某一企业，一定是过去的合作中有曾经彼此对立和扯皮的事件发生，需要了解清楚前因后果，对症下药。并且这种情况，新的面孔出现往往是个契机。如果是针对某一特定销售人员的异议，则该销售人员要积极检讨和改进自身的工作。

很多情况下，客户提出异议的起因就是销售本人。客户可能会认为销售人员过于年轻或没有经验，或者该销售曾经有工作的过失引起客户的反感。比如销售强行推销客户不需要的产品，或者销售没有信守承诺，答应客户的事情没有兑现，甚至于有的客户时间观念非常强，一次小小的迟到就足以造成对该销售人员的异议。以上情况，销售都要非常重视和及时反省。

竞争、价格、时间异议。客户有明确的需求，可是不想从你的企业购买，或者因为有其他竞争对手的存在，或者因为对你的价格不满意，或者因为对购买时间、交付实施的时间存在异议。

这些类型的异议，我们首先要判断是否是真实的。比如价格的异议，你的报价确实超出了客户的真实预算，很多时候客户也无能为力。这类异议，如果判断客户是真实的，我们要学会根据自身的实际情况，达成妥协或放弃。而很多时候，客户是为了在谈判中占据有利地位，销售必须要学会正确地判断。总的来说，这部分的内容不是简单的书本可以学和教的。需要销售人员在和客户打交道时揣摩和观察。当然，其根本还是真实信息的获取。

其他隐含的异议。有的时候，当你觉得你该做的事情都做了，客户却提出一些无关紧要或者琐碎的小事，就打发了你了事。那么很可能是客户不想和你直说真实的异议。也许是客户担心异议会触犯你，或者他根本认为你的拜访没什么价值。或者他犹豫不决是否要真实地和你说，而又担心伤害你的脸面。

如果销售人员没有这种敏锐的感觉，不能及时发现并处理隐含的异议，那么后续的工作就很有可能难以开展。这种时候，销售要细心观察客户的举手投足、表情和言谈。并思考前后的逻辑关系，寻求真相找到隐含的异议。销售必须学会倾听和观察，要了解什么样的问题才会让客户暴露出真实的异议。学会问什么样的问题和怎么问，是要经过长时间的实践和努力才能培养出来的技能。

接下来我们了解一下异议的重要形式——歧义，和处理异议的64字方针。

歧义

很多时候，异议的产生，以及销售人员对于异议的理解是出于对一些概念的理解歧义。而消除歧义是销售与客户达成共识的基本方法。

一些句子和词汇，会产生两种及以上可能的理解，即为歧义。歧义产生的原因包括：词义不明确、句法不固定、层次不分明、指代不明；容易产生歧义的词主要是抽象的词汇，当然抽象也是相对的。

在销售的整个阶段中都会产生歧义。因为没有人是不带着自己的主观观点的，我们在这里教的异议处理，越早处理越好，前期处理得越好，后期越少，销售接洽阶段处理的异议越好，达成的共识越多，后期促成关单越顺利。

比如，当销售人员自我介绍以后，客户本能地说"不需要"，很多销售人员就没辙了。而客户理解的"需要"和销售理解的"需要"，此时多半产生了歧义。经过深入沟通，相信会很容易化解这个异议。

客户："你们的服务真糟糕，产品质量也不好！"

客服人员："很抱歉给您带来不便了，您能详细说一下吗？您说的服务糟糕具体是指哪些方面？"

客户："送货时间太长了，买了这么久才安装。"

客服人员："哦，真的很抱歉，通过我们的客服系统，看到是在您下订单后7天给你上门安装的，是吗？"

客户："是。"

客服人员:"哦,那么您认为在几天内安装到位可以接受呢?我好反映给公司。"

客户:"最长不超过3天嘛,天气这么热……"

客服人员:"太不好意思了,让您热这么久,我一定重点反映给我们的客服系统,谢谢您的提醒。另外,您说的质量不好,具体是指什么呢?"

客户:"空调管子漏水啊,楼下找上门来了。"

客服人员:"哦,这是安装的问题,我想一定是安装人员粗心造成的,我明天就给您安排上门更换……"

以上案例,请读者关注客服人员如何把抽象的"服务"落实到具体的送货,"这么久"的送货时间明确到"三天以内","质量"落实到"管子漏水"的具体情况。

客户的异议不能限制和阻止,销售要秉承负责任的态度面对和处理。在处理异议时,需要遵循如下64字方针。

①以防为主,提前解决

②认真倾听,真诚欢迎

③重述问题,确认了解

④审慎回答,保持友善

⑤抓住重点,避开枝节

⑥选择时机,灵活应对

⑦避免争论,及时总结

⑧客观面对,能进能退

以防为主,提前解决

在实际的销售过程中,很多异议是可以预防的。有经验的销售会总结并提前预测异议。客户在什么阶段会提出什么样的问题，在大部分情况下是有规律的。

只要你了解潜在客户，就比较容易预料到他们可能会提出的问题，并且事先就准备好答案。凡事预则立，不预则废，不打无准备之仗就是这个道理。

认真倾听，真诚欢迎

销售要认识到，客户有异议是非常正常的。不论客户的异议是否有道理和是否客观，我们都应该秉承真诚的态度，认真听取客户的意见。其实，客户的异议总有其合理性，我们要给予尊重，这样我们提出相反的意见时，客户自然也比较容易接纳。

在销售过程中会不断地沟通和谈判，谈判总是个妥协的过程，而最廉价的让步就是让客户知道你在洗耳恭听。

同时，当客户发表异议的时候，说明客户的参与度高，这是合作的大前提，作为销售应该真诚地表示欢迎。有的销售习惯于立刻对异议做出反应，甚至打断客户，压制这种异议。往往因为销售的内心不够成熟，没有做好准备，担心失去销售机会。而这样反而会把事情弄糟。客户会怀疑，销售为什么这样敏感？

所以销售一定要以全神贯注的倾听来对待客户的异议。人是相互的，客户也会用同样的态度来对待销售人员。

重述问题，确认了解

在认真倾听了客户的异议后，销售要向客户重述其提出的反对意见，确认自己正确地了解了客户的表达。销售有必要询问客户，自己这样说是否正确，并将客户异议中的合理部分给予赞同。这样重复客户的异议，一方面可以保证你和客户的思想认识一致，另一方面也让自己有更多的回旋余地和思考时间。

审慎回答，保持友善

销售人员切忌忽视客户的异议。这样很容易引起客户的不满或怀疑，使销售工作无法开展下去。销售对客户所提的异议，必须审慎回答。

一方面，要秉承负责和认真的态度，将有关数据、事实、资料和证明等以口头或书面的方式提交给客户；另一方面，销售人员要沉着应对，注意语调、措辞等，使沟通在友好和谐的气氛中进行，同时对于确实不能解答的问题坦诚相告，不可以编造。即便是有些看似很荒谬的异议，销售也不可赤裸裸地反驳客户甚至指责客户的无知，无论是当面还是背地里。

须知有时尤其是在机构客户的采购中，很多荒谬的异议往往是竞争对手的支持者提出，因为销售不审慎的行为，很容易就落入陷阱。所以我们的销售要学会提高修养，以宽和的心态面对客户，包括支持竞争对手的客户。

抓住重点，避开枝节

销售要分清楚客户提出的众多异议，哪些是重要的、主要的异议，哪些是细枝末节的异议。不成熟的销售，往往会因为一个和销售的产品以及客户真实需求无关的问题而与客户纠缠。导致销售失败。

在销售工作中，销售只应该关心客户对需求的讨论和对商品的意见，其他方面如政治、宗教、新闻热点、争议人物等都和我们的销售无关。销售人员应该避免在这种容易引起争论的话题上和客户接茬。

选择时机，灵活应对

处理客户的异议，时机非常重要。有的异议必须及时给予答复，一点拖不得；有的异议则应该暂时忽略，立刻处理，反而坏事。一般来说，只要出现异议就应该立即处理。这一原则是符合逻辑的。如果客户提出异议，销售人员不马上回答，客户不但不会忘记自己的意见，反而会觉得销售人员有可能因为业务不熟，或者想拖时间让自己忘掉等原因，而降低对销售的信任。有时，客户的这个异议有可能就是成交的唯一障碍，拖延只会离成交越来越远。因此，绝大多数情况下，客户提出异议和疑问，销售就应该立即回答。

但是当以下情况出现时，不立即回答和延后处理可能更合适。比如，潜在客户一上来就对价格持不同意见时，我们应该最后处理；在给机构团体客户做演示时，某技术人员突然提出的技术细节，该问题需花时间解释时，可告知会后单独专门交流；当异议过于频繁和细枝末节甚至无聊时，我们应该确定该异议者是否故意制造障碍，有时对方连续提出好几个问题，我们应该确定他想讨论哪一个，找到真正的主题，而不是一一作答，掉入陷阱。另外，就是销售确认按照自己的陈述演示顺序更有效时，可以延后处理，并在后边回答该异议时，寻求异议者的及时反馈。

避免争论，及时总结

避免争论是销售处理异议的一条重要原则。客户的异议是合理的、正确的，销售就应该虚心接受，承认不足，制订其他解决方案，引导客户从优点和正面考虑，而不是强词夺理。

即使客户的异议是错误的，最好也不要直接反驳，而应该侧面间接地说服客户。争吵是不能解决问题的，往往伤害客户感情，使客户更固执。即便最后证明销售是对的，但是失去了客户。

销售更应该将自己看成是客户的同盟，我们的手段是通过沟通使客户了解认识并认同商品带来的价值和满足其需求带来的利益。

销售在处理异议时应尊重对方。每个客户都希望自己的意见能够得到认真的对待。即便客户是错误的，销售也应该有个缓冲，避免伤害客户的面子和自尊心，可以先表示认可和赞扬，再真诚地与之沟通自己的观点。比如："我非常感谢您能这么和我说，不过我认真地考虑了一下，这样……是不是更好呢？"或"我知道您是这方面的权威，可能刚才我没有讲得太清楚，对您说的这些问题，我们这款新产品已经做了这些改进……"

总的来说，我们既要避免争论，又要及时处理，避免在某个问题上长时间纠缠。如果客户已经满意，就尽快结束这个话题。尤其是一些细枝末节可一带而过的问题，不要人为地放大。

另外，即便确实无法给客户满意的答复，客户的异议指出的缺陷和不足，也能帮助企业发现很多问题，不断改进产品，完善我们的销售工作。因此，销售要将日常工作中客户的异议全面地记录、整理和归档，反映给企业管理者，使企业的水平得到提高，更加适合客户的需求。

客观面对，能进能退

销售应该对客户、对自己以及企业的产品有客观的认识。在遇到某些异议不能轻易解决时，销售要客观地面对，即使一时不能成交，也要设法保持良好印象，为未来的长期合作留好后路。

销售要有勇气面对挫折，不能因为客户的异议无法解决、无法达成一致、无法完成交易，而表现不快，甚至迁怒于对方。能进能退才是好销售。

以上方针，是销售处理异议的基本原则。在处理客户异议时，销售可以采用预先设防、反问、转化、转折、证据、优点补偿、直接否定和一笑而过等方法。

比如，当客户提出一个异议时，我们可以反问"如果我保证，您说的这个问题能够解决，您就会购买吗?"反问必须明智，要显示销售人员解决问题的诚意。

还有，销售应该知道，世界上没有完美的产品，如果客户提出合理的意见我们无法满足时，我们就只有用补偿的优点去做出交换。

客户："你们产品的价格太高了。"

销售："您说的是实情，不过整体来看，我们的产品质量是最好的，顾客忠诚度高，返修率基本为零。"

客户："你们的产品在这个功能上有个缺陷。"

销售："看来您是关心过我们产品的，这个缺陷已经在一年前就完全解决了，您看这是今年中国移动和我们签约时候的照片，当时他们的技术主管还专门称赞，我们不但解决了所有供货商都存在的缺陷，而且做得更好，出乎意外。"

促成关单

促成关单，就像足球运动员最后的临门一脚、篮球运动员精准的一投；促成，就像男人最后对心仪姑娘正式的求婚。

促成关单阶段，销售人员首先需要的是主动的态度。球员不主动去射门和投篮，球不会自己进门进筐得分；男人不主动去求婚，恐怕也很少有新娘非要投怀送抱。总的来说，除了通用的必需品和快速消费品外，大部分产品的销售中，多是在销售人员积极主动、达成认同的基础上成交的，一般很少有潜在客户自己主动提出购买要求的。

所以，销售到这个阶段必须保持积极主动的态度。

大多数销售人员都有促成恐惧症的心理存在，就像眼下很多年轻人有婚姻恐惧症一般。生怕经过前期这么多功夫的付出，得到的是拒绝。说到底，还是缺乏对自己的自信。

想想看，哪个女人愿意嫁给一个没有担待的男人呢？哪个客户又会选择一个犹豫不决的销售呢？其实客户在整个销售过程中也付出了和我们销售同等的时间和精力，客户更不希望自己的付出没有回报，更希望自己的选择是正确的。这时候，就需要我们销售给予客户信心让其果断地做出购买决定。

态度决定一切。这个阶段，销售应该主动地说："如果没有什么问题，那我就回去准备合同了。"或"那就这么定了！"

销售大可不必担心促成失败。销售毕竟还不像求婚，人生的机会不多。销售更像打篮球，投篮不中，赶紧就地抢篮板——再投——投进为止。笔者做销售的时候，曾经管理上千的潜在客户，也曾经一个季度签合同数78份，共34个客户，也就是66个工作日，基本上每天都在签合同。促成，并不困难，熟能生巧，水到渠成。要知道，失败和成功是成双结对地出现的。孩子跌倒、爬起来，又跌倒、又爬起来，就是不断地在这样的失败和成功中成长壮大起来的。

就销售工作而言，我们一定要清醒地认识到，销售是拿业绩说话的。固然短时间完成业绩的销售可能有运气成分，不见得是个好销售；但是完不成业绩的销售一定不是好销售。就好像投不进篮框的球员一定不是好球员一样。因此，球员要敢于出手，销售要勇于促成。

在上一节我们重点讲解了异议处理，异议处理得好，实际上为签单铺平了道路，就像射空门和没有防守的投篮一样。以下我们讲讲促成的时机和一些基本方法。

促成时机

"小姐，你给我拿一下那个。"

"好的，请到那边付款。"

这是商场里经常发生的一幕。很显然，促成可能已经在广告阶段就完成了，甚至因为营销品牌的购买习惯不用促成了。对于很多大品牌的产品，在终端就是简单的付款交货，销售人员个人的促成并不那么重要。

对于个人用户而言，促成时机往往就在客户产生欲望的一瞬间，比如客户内心已经想购买了，已经认同产品功能和带来的价值，就会关心价格、到货等细节。这时销售要积极促成。

而对于复杂销售而言，销售经常面对的是一个组织、一个群体，一方面销售要了解基本的组织架构，另一方面还要清楚背后的决策权力基础以及人事安排等。

因此，销售在接触到实权以上的关键人时，就要不断地确认，该企业、该组织是否有可能会购买，直至最高决策人。因为如果最高决策者压根就没有想过要购买，或者这个年度根本就没有预算的话，无论你使用任何高超的促成技巧都是白搭。

永远要记住，决定购买与否的是客户！我们只是发现他"渴"而且"及时端水"上去的服务员。

当然，我们需要尽早地了解是否有可能成交并不等于尽早去促成。非常重要的一点是，在你还没有和客户建立信任关系之前，仓促地促成容易犯冒进的错误，往往会遭到客户的抵触。客户可能会更加戒备，怀疑你是否真关心客户的问题。

以下是经过长期总结，在销售过程中出现的成交信号。有正信号，也有负信号。销售应该及时注意到有利于促成的正信号，趁热打铁，促成交易；也要客观面对负信号，冷静分析，及时调整下一步工作。

表7

正信号	负信号
·面带微笑	·皱眉
·身体前倾	·身体后仰
·手臂放松	·手臂交叉
·下意识的点头	·摇头
·显得兴趣盎然	·打哈欠
·正视销售人员	·眼神游离，逃避对视
·表示赞成	·陈述反面意见
·提出有关问题	·保持沉默
·要求示范演示	·精力分散，不耐烦
·漫不经心看合同	·在座位上辗转不安
·有意压价	·离谱的杀价
·提出要求	·捏造借口
·认真对待	·敷衍搪塞

促成的方法

罚球、勾手、打板入筐；点球、角球、定位球。得分的方式方法是多种多样的，关键是要得分。优秀的销售应该会熟练地应用促成的方法，达成成交。

要求成交法。很多销售可能压根就没有尝试过这种最简洁的促成方式。就我个人的经验而言，对于一些高效的成熟客户而言，这是最节约时间、尊重生命的方法。

商场里，一个女士走到洗面奶的货架前，洗面奶促销小姐问："您是要买洗面奶吗？""哦，不是，我找牙膏。""在那边，您请走好。"多么简洁明了的促成，虽未成，但很职业。

作为销售，你应该尝试这样的提问："我们会实施（买）吗？""我们有可能实施（买）吗？""您是要买我们这个产品吗？"换位思考，你是客户会作何回答？除非你是根本就没有这个需求的，否则你很难对这样认真恳切的提问说不。

还有些则直接用行动促成。"张总，我这里有一份合同样板，我先发给您看看，如果没有什么问题，就签好字、盖好章给我，好吗？"

要求成交法的要点是：注意语言和态度，言语要得当，使客户乐于接受，态度要从容恳切，以加深客户的信任感。另外，可先向客户提出一些引导性问题。要求成交法一般在以下几种情况应用较好。比较熟悉的客户；客户听完解决方案未发表异议；客户对产品已有好感，有购买意向，但不提议成交；销售人员处理完客户的重大异议之后。

提出问题法。如果销售和客户不熟悉，或者客户对产品并没有明确表示好感的情况下，销售直接提出要求成交的封闭式问题，成交的可能性只有5%。因此在争取机会时，不应只是提出封闭式问题，但也不能提出开放式的问题，否则会越走越远。

销售要多提引导式、暗示式的问题。

请这样提问。

——"如果您要下单的话，什么时间送货比较合适呢?"

——"您看什么时间实施比较合适呢?"

——"您觉得后面的培训要怎么安排才好呢?"

推定承诺法。只要客户对我们的产品和服务提出疑问，就表明客户产生了兴趣。此时应该判断客户是有意向的，应该及时地争取合同机会。当然，销售在促成时，要有自信心，心态轻松自如，避免直接购买语言和假设性语言。

推定承诺法实质是人为提高成交面谈的起点，使用得当，事半功倍。

——"现在要实施这个工程，咱们大概准备了多少预算呢?"

——"我们现在实施这套系统，初期准备上多少个点呢?"

推定承诺法适合面向有依赖性、性格随和的客户;明确发出购买信号的客户;有兴趣无异议的客户;多次沟通异议排除的客户等。

二选一法。二选一法把最后的决定集中在两种正面选择上，在两个方案中选择其一，达到非此即彼的效果。销售要说出二者的区别和好处，引导客户向最有力的方向成交。

——"您希望我们明天上午还是下午把货送过来?"

——"我们是先在局部小范围将系统实施运转起来，还是整个销售部门整体实施培训?"

二选一法非常需要注意的是，成交方案令客户无法接受或无能力接受时，会对客户产生过高的成交压力，丧失成交信心，失去成交机会；并且成交方案不适合或过多浪费时间，错失时机，分散客户成交注意力。在现实的案例中，我们就有销售不全面地了解客户的购买力和预设的购买支出，盲目提出两个都远远超标的销售方案，而将客户拒之门外。

所以，使用二选一法，一定要注意到客户的购买预算门槛。

肯定暗示法。销售人员通过深入沟通，了解客户的关键业务问题，提供我们的解决方案，展示带给客户的价值和好处。在成交的最后阶段，措辞显得非常关键。

我们可以尝试这样的话语。

——"您选择使用我们的安全控管系统，肯定是最正确的，我们的系统是最可靠的，也能帮助您最早收回投资回报和获得更多订单!"

——"ABC 公司在使用我们的设计仿真软件后，比竞争对手效率提高很多，上市时间至少提前30%，并且质量和成本还比他们有保证。所以您的选择是最理性的。"

迫切事件法。当客户感受到将失去摆在面前的种种好处和具体利益时，许多人会马上付诸行动。迫切事件法的特点是，利用客户"得之则喜，失之则惜"的心理，通过给客户一定的成交压力，来督促对方及时做出购买决定。

——"优惠到这个月底就要截止了。"

——"一季度下单的会赠送一年的升级服务，以后恐怕就没有了。"

——"10 月份一到，客户订单多，资源调配上就比较紧张，交货周期就不太保证了。"

——"订货要进行进口审批，那边一到圣诞节就工作效率极低，为了保证我们的实施，我建议最好在 11 月中旬以前把订单下过去。"

小点成交法、大点成交法。小点成交又称次要问题成交法，首先在一些次要的小问题上达成一致意见，进而促成全部成交。大点成交法反之。

小点成交法中，成交小点是指有关销售的次要问题，比如到货、运输、培训升级等，先达成一致，也避免了未来产生重大的异议。

小点成交法适用于大规模的交易、客户不愿直接涉及的购买决策、小点在整个购买决定中占有突出地位的交易或其他技巧无法直接促成时。

大点成交法则是借客户异议的机会直接要求客户成交。

很多时候，客户异议即是成交的障碍，也是成交的明显信号。只要成功处理，就能有效促成。比如：

时间异议："我还要再考虑考虑……"

价格异议："如果再便宜一点就好了……"

权力异议："这个我做不了主，还得请示一下……"

服务异议："要是售后培训跟不上就麻烦了。"

销售人员要尝试，在成功处理完异议以后，抓住成交时机，对客户说："那么这块您没有什么问题了，我就回去准备合同了。"

以上促成方法，是我们经过长期实践总结整理的一些办法。在很多销售的实际运用中，还产生了很多诸如从众法、比较法、拆散法、平均法、赞美法、讨好法、化小法、例证法、得失法、底牌法、诚实法、分析法、转向法、提醒法、前瞻法、攻心法、投资法、简单手续法、反驳法、吹牛法、比心法、死磨法等促成方法。

不过，请销售记住，无论你如何促成，最终的决定权在客户，所以我们做的努力，只是让客户认可并接受这些价值。每个销售都要不断地实践和总结，无论是简单销售还是复杂销售，我们都应以创造、沟通和传送价值给客户为己任。

本小节我们重点介绍了销售全过程，从售前准备一直到促成关单的大量销售知识、方法和技能。整体地学习后，新销售人员就能够完成一个从不会到会的质变。并全面地掌握销售工作的开展，至少是个有章法的开始。

但是，好销售还需要由会到熟练，由熟练到精通。我们不但要有销售的形，还要有销售的神。这个过程需要大量的实践和训练，销售要在不断的实践中总结和完善，不断提升自己。

第四章　销售方格模式

有关销售的理论很多。而所有的销售活动无外乎销售人员和客户。因此知己知彼的过程，才是销售实现创造、沟通和传送价值的基础。在此我们重点给大家介绍关于销售人员和客户态度，以及两者关系的销售方格理论。

销售方格理论

销售方格理论，由美国管理学家罗伯特·R·布莱克教授和与J·S·蒙顿教授提出。他们根据管理方格理论为基础，研究了销售人员和推销对象之间的人际关系和买卖关系。这是销售学基础理论的一个重大突破之一。

在销售过程中，各式各样的销售和各式各样的顾客打交道。双方彼此接触的印象、态度，都会对整个销售过程和结果起到非常重要的作用。销售方格将销售人员和顾客的态度分别对应放在不同的类型中，帮助销售人员清楚地认识到自己的销售心态，看到自己销售工作中存在的问题，并进一步改进和提高自我的销售能力；同时销售方格还让销售更深入地了解自己的客户，掌握客户的心理特征，做到知己知彼，百战不殆。

推销方格

　　推销方格从销售人员的角度来研究销售活动中的心理态度。销售人员在销售活动中有两个具体目标，一是尽力和客户沟通实现交易并完成销售任务；二是尽力和客户建立良好的人际关系，建立长久的往来交道。但在现实销售工作中，每个销售对这两个目标的侧重是不同的，其表现在方格表上，我们称之为推销方格。

　　推销方格中纵坐标表示销售人员对顾客的关心程度，横坐标表明对销售任务的关心程度。每个坐标从 1～9，坐标值越大，表示关心的程度越高。图中各个交点代表着不同的推销心态，侧重标明了具有代表性的 5 种基本心态。

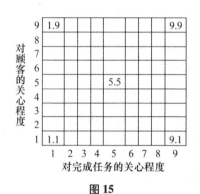

图15

事不关己型（图中［1.1］型）

　　事不关己型的销售既不关心顾客，也不关心自己的销售工作，对推销成功与否及顾客感受的关心程度都是最低的。事不关己型的推销员对本职工作缺乏责任心。他们不总结、不学习，不做销售的准备工作，不做销售的调查和信息的整理工作，抱着多一事不如少一事的态度混日子，当一天和尚撞一天钟。究其原因，有主观上不愿做销售工作导致缺乏进取心的，也有因为企业没有严格的管理制度造成劣币驱逐良币的。

顾客导向型（图中［1.9］型）

顾客导向型的销售人员只知道关心顾客感受，而不关心销售工作。持这种心态的推销员认为，我是顾客之友，我想了解他并对其感受和兴趣做出反应，这样他会喜欢我。这种私人感情可促使他购买我的产品。他们可能是不错的人际关系专家，他们始终把与顾客处好关系放在第一位，但并不是成功的销售专家。其实在很多情况下，对顾客的百依百顺并不能换来交易的达成。这其实是强行推销的另一种表现。现代销售要求把顾客的利益和需要放在第一位，而不是把顾客的感受摆在首位。你能想象一个医生为了病人怕疼而不给他打针吗？

强力推销型（图中［9.1］型）

强力推销型的销售只关心推销效果，不关心顾客的实际需要和购买心理。该类型的销售员认为：既然由我负责这一顾客，并向其硬性推销，我便应施加压力，迫使其购买。因此，他们为提高推销业绩，不惜采用多种手段，全然不顾顾客的心理状态和利益。强力推销是产生于第一次世界大战之后美国的一种推销方式，销售员与顾客被形象地比喻为"拳击台上的两个选手"，推销员要坚决把顾客打倒。强行推销不但损害了顾客的利益，而且损害了企业的市场形象和产品信誉，导致企业的经济利益受损，并给顾客极坏的影响，影响了推销行业的发展。在此之后，强行推销被温和推销所代替。企业界和学术界达成共识：对顾客无益的交易也必然有损于销售员。如在我国市场经济发展的初期，一些厂家和业务员并没有认识到，一味追求经济效益而忽略顾客利益的危害，继续着这种贻害深远的"一锤子买卖"。

强力推销型销售的具体表现为千方百计说服顾客购买，发动主动的推销心理战，有时甚至不惜向顾客施加压力，该型的销售员成就感和自我意识太强，可能成功一时，而后再难登门。这类销售虽然一时可以把产品销售出去，给企业带来暂时的利益，但由于给客户形成很大的心理压力，甚至形成坏印象而引起客户反感，破坏了其所代表的企业声誉和形象，最终损害了企业的长远利益。因此具有这类心态的销售人员绝不是好的销售人员。

推销技巧型（图中［5.5］型）

推销技巧型销售员既关心销售效果，也关心顾客的人际关系。他们往往有一套行之有效的推销战术，注重揣摩顾客的心理，并善加利用这种心理促成交易。他们可以凭经验和推销技术，诱使顾客购买一些实际上并不需要的东西。但这类销售员仍然不是理想的销售员。

他们放在首位的只是顾客的购买心理，而不是顾客的实际利益和需要，具体表现为该类型销售员既不愿丢掉生意，也不愿丢掉顾客，讲究和气生财。他们认识到，如果顾客有意见不愿意购买的话，销售任务也很难完成。因此他们努力学习推销技巧，总结各种推销经验，以便在推销中加以利用。他们也学习分析和掌握市场环境的方法，注意分析推销的可能性，以便尽力抓住销售机会。他们认为推销成功与否的关键在推销技巧。

所以，这类销售往往具有较好的推销业绩，口碑也不错，被认为是踏实肯干、经验丰富、老练成熟、成绩优秀的销售人员。但因为他们常说服客户购买一些实际上不需要的商品，长久以来，损害了顾客的长远利益。

该类型的销售虽然有好的销售业绩，但仍需要进一步学习，真正地为客户创造价值，从而成为一名成功的销售专家，攀上现代销售艺术的顶峰。

解决问题型（图中［9.9］型）

解决问题型销售既关心顾客，也关心销售效果；既关心顾客的购买心理，也关心顾客的实际需要，所以也称为满足需求型。具体表现为针对客户的问题提出解决方案，然后再完成自己的销售任务。

这类销售员把销售活动看成是满足双方需求的过程，把销售的成功建立在销售员与顾客双方需求的基础上。从现代营销学角度讲，这种销售人员是最理想的销售专家。这种销售的心理态度是最佳的销售心理态度。世界超级推销大师齐格·齐格勒曾说："假如你鼓励顾客去买很多的商品，只是为了自己可以多赚钱，那你就是一个沿街叫卖的小贩。假如你鼓励顾客购买很多商品的目的，是为了顾客的需求和利益，那你就是销售的'行家'，同时你也得益。"

事实正是如此。他们把销售活动看成是寻找达成满足双方需求这个目的的途径和方法。他们通过销售活动的开展，以平等协商的办法寻找解决双方困难的办法。这种类型反映了现代销售的理念，持这种心态的销售人员是现代企业的理想之选。

除了以上方格理论中根据销售人员的心态划分的五种类型，在现实中，我们还经常听到农夫（Farmer）和猎手（Hunter）型销售人员的划分。

顾名思义，农夫（Farmer）是那种羞于找陌生人开拓新业务，打电话甚至会脸红的销售员，这种性格不利于他们迅速与人接近并获得好感，但是他们相当会维护客户长期关系，甚至与客户逐渐深入交流到成为朋友的层次；猎手（Hunter）则是那种积极、主动、不怕失败、勇于冒险的销售员，他也许会获得更多的销售机会，但是也可能会因为疏忽了对老客户的照顾，而丧失了一个客户多次销售的机会。

这两种类型，分别类似于顾客导向的 1.9 型和强力推销的9.1型，我们在这里就不多浪费篇幅了。

以上销售的心态了解，是个知己的过程。销售通过比照可以找到自我的优势和不足，不断地修正和完善。接下来让我们看看顾客方格理论，只有做到知彼，才能百战不殆。

顾客方格

顾客方格是从顾客的角度来研究销售活动中的心理态度。

销售的成败与否，不仅仅取决于销售人员的态度，更重要的是受顾客态度的影响。销售人员必须对顾客的态度进行分析，因人而异地开展有针对性的销售工作。

顾客方格是指不同的顾客对待推销和商品购买也有着不同的心态，这种心态在顾客方格中，也依据他们对待销售人员和采购商品的购买本身重视程度而划分成不同的类型。从顾客的心态看，至少也存在两种念头：其一是希望购买到称心如意的商品，注重购买商品本身；其二是希望得到销售人员的诚恳热情而又周到的服务，注重销售人员的态度和服务质量。

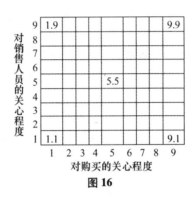

图 16

同样，顾客方格中纵坐标表示顾客对销售人员的关心程度，横坐标表明对购买的关心程度。每个坐标从 1～9，坐标值越大，表示关心的程度越高。图中各个交点代表着不同的推销心态，侧重标明了具有代表性的 5 种基本心态。

漠不关心型（图中［1.1］型）

具有这种心态的顾客既不关心推销人员，对购买行为也不关心。其具体表现为经常设法逃避销售人员，视接待工作为应付差事，尽量避免做出购买决策。这类顾客一般受命于人，自己没有购买决策权。

软心肠型（图中［1.9］型）

这是一类情感型的顾客。他们对推销人员极为关心，尤其体谅推销员的心情和处境，而对于购买行为则不太关心。具体表现为极易被销售人员说服，一般都不会拒绝推销品。他们十分重视优良的推销气氛，而对购买决策本身却不够重视。所以，当销售人员热情周到地介绍产品，与顾客的人际关系处理得较好时，很容易被销售人员所感动而购买产品。

软心肠型的顾客自然是所有的销售人员都希望碰到的。但是这对销售工作本身未必是个好事，会让销售不能客观地看待自己。并且，这类型顾客多半是个人客户，机构组织客户中即便有此类型，多半也没有购买决策权。

防卫型（图中［9.1］型）

又称购买利益导向型。防卫型的客户只关心如何以更佳的条件购买商品，对推销人员不但不关心，反而极为反感，甚至敌视。具体表现为对销售人员十分冷淡，斤斤计较，本能地采取防卫的态度，同时总想多占点便宜。

这类顾客往往受传统观念的影响，认为"无商不奸"，或者有受骗上当的不良购买经历，认为推销员都是骗子。

对待持这种心态的顾客，推销员应首先推销自己，消除对方的防范意识，然后再开展销售工作。

干练型（图中［5.5］型）

干练型亦称聪明型，这类顾客有商品知识和购买经验，在与销售员打交道时显得非常聪明，既考虑到自己的购买，又关心推销人员，非常合作。具体表现为在购买过程中比较冷静，既重感情也重理智，而且很自信。这些顾客一般很容易受消费流行的影响。

对待这类顾客，销售人员应该摆事实，及时出示证据，但必须让顾客去作决策。需要指出的是，干练型的顾客在接受推销时，经常显示自己的知识、经验、聪明、公正、宽容等，而恰恰这些并不是自己的真正需要，其受个人的某种购买心理影响较大。

寻求答案型（图中［9.9］型）

寻求答案型的顾客既高度关心自己的购买行为，又高度关心与销售人员的人际关系。具体表现为十分清楚自己需要的东西，又很了解市场行情。因此，十分欢迎能解决问题的销售人员。

这类顾客是最成熟的购买人。他们乐意与各种销售人员接触，以便寻找更好的满足自己要求的途径和解决自己问题的方法。在销售活动中，如果他的问题得到了满意的答案，他就会购买你的产品。他们的购买行为是明智的。

在我们日常的销售理论中，还有将顾客划分为老虎、孔雀、猫头鹰和考拉等的象限类型法，亦有将客户划分为无动于衷型、自我实现型、细节分析型、关系导向型、任务驱动型和交际社交型。实际运用中，很多客户都不会是一个单一类型的个体。相对而言，我们综合采用以顾客方格为主的判断方式，更科学和客观。总的原则是，宁要模糊的对，不要精确的错。

推销方格和顾客方格的关系

销售和顾客的心态都分成不同的类型，那么在销售过程中不同类型的销售和不同类型的顾客相遇，会产生什么样不同的销售结果呢？布莱克和蒙顿两位教授根据大量的数据总结出二者的关系表。当然，这个表格并不包含中国销售和顾客的数据，因此请所有的销售仅作为参考，更多的还要自我总结。

表8

效果 顾客 销售	1.1	1.9	5.5	9.1	9.9
9.9	+	+	+	+	+
9.1	0	+	+	0	0
5.5	0	+	+	−	0
1.9	−	+	0	−	0
1.1	−	−	−	−	−

在本表格中，"＋"表示销售活动取得成功的概率高，"－"表示失败的概率高，"0"表示成功和失败的概率各一半。

比如，一位顾客导向型1.9型的销售，固然不是理想的销售人员，但是碰到一位1.9型的软心肠顾客，还是有很大几率能够创造销售业绩。总体来说，销售的心态越是趋向于9.9解决问题型，就越可能收到理想的销售效果。根据美国有关专刊杂志报道，有人利用销售方格理论对销售人员的业绩和所持的心理态度进行了统计。结果发现，销售绩效方面，9.9型比5.5型高3倍，比1.9型高9倍，比9.1型高75倍，比1.1型高75倍。由此可见，不同类型的营销人员对销售工作的贡献相差很大。

因此，要成为一位出色的现代营销人员，健康的销售心态是不可缺少的。所以，营销人员应树立正确的销售态度，要加强培训与锻炼，调整与改善自我销售心态，努力使自己成为一个能够帮助顾客解决问题的问题解决型营销人员。

当然，具有问题解决型销售心态的营销人员是优秀的人士，但并不是只有这种心态的营销人员才能取得销售佳绩。营销人员的销售活动能否成功，除了自身的努力以外，还要看顾客是否愿意配合，营销人员能否准确地把握顾客购买的心态等。如果推销专家遇到一位无论如何也不愿意购买推销品的顾客，即使他有再高明的推销技巧，也很难成功。相反，如果一位迁就顾客型的营销人员遇到一位软心肠型的顾客，双方都特别关心对方，尽管营销人员不算是一个优秀者，但他依然能够取得销售的成功。

可见，正确把握销售心态与购买心态之间的关系是非常重要的。不同类型的营销人员遇到不同类型的顾客，应采取不同的销售策略，揣摩顾客的购买心态，及时调整自己。营销人员要想看清顾客的心态，首先要看清自己，具备良好的心理素质。如果营销人员对产品不做深入的了解，不懂得销售的知识和技巧，不知道如何同顾客更好地沟通，在营销的过程中面对顾客的问题，就会不知所措，无所适从，也就很难把握顾客的心态。把握顾客的心态，要以顾客的需求为中心。把顾客的需求转化为问题并加以解决，是营销人员实现销售的关键。在销售实现的过程中，营销人员除了根据顾客提供的信息把握顾客的心态以外，还要善于自我调控，让自己拥有良好的心态。只有协调好顾客的心态和把握好自己的心态，才能最终实现销售！

在现实的销售过程中，存有各种心态的销售员都会遇到具有各种心态的顾客。销售过程中，销售员与顾客双方心态的有效组合，是销售工作顺利进行的重要条件。

值得注意的是，由于外界与内部多种条件的影响，销售员与顾客的心态是十分复杂的，并没绝对精确的划分。我们可以认为，世界上有多少个销售员，就有多少种销售心态，相反，有多少个顾客，就会有多少种购买心态。推销与购买心态也绝非是简单地受关心对方与关心商品两方面因素的影响，故销售方格理论只是大致上概括出两种心理的组合，仅供我们分析时参考，还应该结合实践经验的积累，不断加以充实和完善。但千百次推销实践，反复证明着这样的理论：销售人员的心态越好，销售效果相对越好。

5W1（2）H 在销售工作中的应用

5W 最早是新闻学中的要素，后来慢慢变成管理工作中对目标计划进行分解和进行决策的思维程序。它对要解决问题的目的、对象、地点、时间、人员和方法提出一系列的询问，并寻求解决问题的答案。

- Why——为什么干这件事？（目的）；
- What——怎么回事？（对象）；
- Where——在什么地方执行？（地点）；
- When——什么时间执行？什么时间完成？（时间）；
- Who——由谁执行？（人员）；
- How——怎样执行？采取哪些有效措施？（方法）。

以上 6 个问题的英文第一个字母为 5 个 W 和 1 个 H，所以简称5W1H 工作法。运用这种方法分析问题时，先将这 6 个问题列出，得到回答后，再考虑一些细节问题，整理出答案后，可进行取消、合并、重排和简化工作，对问题进行综合分析研究，从而产生有效的执行和决策。

在二战中，美国陆军兵器修理部又增加了一个 H，首创 5W2H。新增的 H 为：How much——多少？做到什么程度？数量如何？质量水平如何？费用产出如何？

我们在日常的销售工作中，面对很多客户，如何判断我们哪些工作是有效的？哪些工作应该优先处理？我们的销售首先要将自己的工作记录下来。我曾经接受过很多销售人员的工作汇报，可以说是千差万别，有的切中要害，有的离题万里。后来在统一到 5W1（2）H 的标准以后，整个销售团队的职业化表达立刻高效起来。

我们要求每天的每条工作记录，都符合 5W1（2）H 标准，即谁在什么时间，什么地点，干了什么，为什么这样干，以及下一步准备怎么干？过去很多销售都觉得录入信息系统很麻烦，但是统一了标准以后，熟能生巧，并且好记性比不了烂笔头，很快系统性优势就体现出来了。

大小周期准则（SPP）

在很多复杂销售中，一个销售机会不会在一次接触后就产生购买，这与零售业、个人消费等有着本质的区别。

作为一个职业的销售人员，此时更像一个前线的总指挥，因为投入资源的多少大小，都取决于一线销售人员的判断。而销售人员在判断时，要参考大小周期准则（Size Period Principle）。也就是，我们的销售在接触一个复杂项目型销售机会时，要根据机会的大小、周期来进行起码的判断。

比如，一个规模在 30～50 万，周期在 0～半年之间的销售机会，和一个规模在 200～300 万，周期在 6～12 个月的机会，跟进的策略、分配的资源和需要的支持，肯定是不一样的。

作为一个职业的销售人员，必须在每一个可能的销售机会出现初期，就要开始尽早从这两方面做出预测和判断，并及时根据实际情况进行调整。

销售模式

销售模式就是根据销售活动的特点及对客户购买活动各阶段的心理演变应采取的策略，归纳出一套程序化的标准销售形式。销售模式很多，人们常用的有 AIDA 模式、GEM 模式、FABE 模式、PRAM 模式和社交类型销售模式。前三种模式是交易销售观念的产物，后两种模式是适应关系型销售观念而发展起来的。

AIDA 模式

AIDA 模式也称"爱达"模式，是国际推销专家海英兹·姆·戈得曼总结的推销模式，是西方推销学中一个重要的里程碑。很巧合的是，本人正是在 1992 年中国大陆的第一家推销员学校接触到它。它的具体涵义是指一个成功的销售员必须把顾客的注意力吸引或转移到产品上，使顾客对销售人员所推销的产品产生兴趣，这样顾客欲望也就随之产生，尔后再促使顾客采取购买行动，达成交易。

AIDA 是四个英文单词的首字母。A 为 Attention，即引起注意；I 为 Interest，即诱发兴趣；D 为 Desire，即刺激欲望；最后一个字母 A 为 Action，即促成购买。

GEM 模式

GEM 模式是一种培养推销人员的自信心，提高说服能力的模式，又称吉姆模式。吉姆是英文单词商品（Goods）、企业（Enterprise）、推销人员（Man）的第一个字母的组合 GEM 的译音。该模式关键是"相信"，即销售人员一定要相信自己所销售的产品（G），相信自己所代表的公司（E），相信自己（M）。

1. 相信自己所销售的产品

销售人员应对产品有全面、深刻的了解。同时要与竞争产品相比较，看到自己产品的长处，对其充满信心。而销售人员对产品的信心会感染顾客。切记，要以我们的产品迎合客户的事业，而不是以顾客的事业来迎合我们的产品。

2. 相信自己所代表的企业

要使销售人员相信自己的企业和产品，企业和产品的信誉是基础。而信誉是依靠销售人员与企业的全体职工共同创造的。为此，公司要创造优质的产品，创造企业的个性，确立企业的声誉，树立企业的形象。企业和产品的良好信誉，能激发销售员自信和激发顾客的购买动机。

3. 销售人员要相信自己

销售人员要有自信。销售人员应正确认识销售职业的重要性和自己的工作意义，以及未来的发展前景，使自己充满信心，这是销售成功的基础。

作为一个好销售，我们尤其强调这点。事实上，很多平庸销售抱怨自己的企业，抱怨自己的产品，其背后的本质是不相信自己。

企业是你自己选择加入的，即便企业有所不足，你是否相信因为你自己而能够让这个企业更好？你是否相信因为你的销售，产品的不足能够弥补，而销售出去带给客户利益？如果都是否定的答案，那么趁早离开吧！这样的人，不要说小米加步枪，就是拿着飞机和大炮也会丢掉阵地的。还是不要做销售吧。

FABE 模式

FABE 模式是非常典型的利益销售模式，而且非常具体，并具有高度可操作性很强的模式。它通过 4 个关键环节，极为巧妙地处理好了顾客关心的问题，从而顺利地实现产品的销售。

F 代表特征（Features）：产品的特质、特性等最基本功能；以及它是如何用来满足我们的各种需要的。特性，毫无疑问就是要自己品牌所独有的，每一个产品都有其功能，否则就没有了存在的意义，这一点应是毋庸置疑的。对一个产品的常规功能，许多推销人员也都有一定的认识。但需要特别提醒的是：要深刻发掘自身产品的潜质，努力去找到竞争对手和其他推销人员忽略的、没想到的特性。当你给了顾客一个"情理之中，意料之外"的感觉时，下一步的工作就很容易展开了。

A 代表由这特征所产生的优点（Advantages）：即（F）所列的商品特性究竟发挥了什么功能？要向顾客证明购买的理由，同类产品相比较，列出比较优势。

B 代表这一优点能带给顾客的利益（Benefits）：即（A）商品的优势带给顾客的好处。利益推销已成为推销的主流理念，一切以顾客利益为中心，通过强调顾客得到的利益、好处激发顾客的购买欲望。

E 代表证据（Evidence）： 包括技术报告、顾客来信、报刊文章、照片、示范等。证据具有足够的客观性、权威性、可靠性和可见证性。

很典型标准的 FABE 句式是："因为（特点）……，从而有（功能）……，对您而言（好处）……，你看（证据）……"

商场中的促销员以空调的省电作为卖点，按照 FABE 的销售技巧可以进行如下陈述介绍：

（特点） 您好，这款空调最大的特点是省电，它每小时的用电才 0.5 度。

（优势） 以前的空调平均每 10 小时用电都在 8 度以上，质量差一点可能达到 10 度。您一比较，就知道一天可以为您省多少钱？

（利益） 假如 0.8 元一度电，一天开 10 个小时，可以省 2.4 元，一个月开 10 天也省 24 元，要是天热天天开呢？

（证据） 这款空调为什么那么省电呢？

（利用说明书） 这款空调用了最好的压缩机、最好的制冷剂、最优化的省电设计，而且因为是变频的，所以它的功率总是维持在最合适的范围，而不会总是启动，所以它省电。

（利用销售记录） 您看，这款空调销量非常好，这是我们的销售记录。假如合适的话，我就帮您试一台机。

PRAM 销售模式

PRAM 销售模式即双赢销售模式，是从买卖双方利益出发达成交易的模式。它追求的是通过帮助客户，得到自己想要的东西（销售产品和服务），在交易过程中，双方都会对彼此的决策感到满意，即达到双赢的目的。双赢销售模式包括四个步骤：计划（Plans）、关系（Relationships）、协议（Agreements）、持续（Maintenance），简称 PRAM 模式。

1. 制订计划

双赢销售模式的第一步是制订一个双赢式的销售计划。制订计划时，销售人员要考虑自己能为顾客带来什么，在与顾客接触前，先要问问自己："如何做才能使顾客乐意与我交往，愿意与我打交道？我应该朝哪个方向努力，才能使顾客回应我真正想要的？"

2. 建立关系

双赢模式的第二步是建立关系，即销售员与顾客建立良好的人际关系。人们总是乐意为自己了解并信赖的朋友推荐产品，因此销售员要花些时间和那些能够影响自己成败的人建立良好的关系。建立关系的基本原则，是你需要让对方了解，你是诚实守信的人。因为，人们会为自己喜欢和信任的人奔走工作，却不会为没有交情的人卖命。所以要建立的这种关系，就是一种相互间的承诺，帮助一个人，必须能保证日后有事相求时，对方也会义不容辞。假如这部分做得不够完善，销售将无法取得别人的信任。

3. 缔结协议

人际关系网建立起来后，推销员和顾客之间就可以晋升到协议的阶段——销售员可以给顾客所需要的，以换取销售人员所想要的。值得注意的是，前面两个步骤必须彻底实行：计划制订得完善、人际关系通畅无阻。之后的订立协议就只是细部作业而已。协议必须对双方都有好处，如果只是单方面受益，彼此关系就会变得对立，要谈妥协议就会很困难。

4. 持续进行

真正的销售始于售后。推销员要想使顾客再次光临，并使顾客能够为自己介绍新客户，协议、关系、计划三者都必须是持续的。

在产品卖给顾客之后，推销员的当务之急就是要确保协议能得到彻底执行。一旦协议无法持续，双方的销售关系就会立即结束。其次是保持良好的关系。如果信用不存在，要达成双方都满意的协议是不可能的。如果推销员能继续不断地和顾客保持良好的关系，也就为自己今后的成功奠定了良好的基础。

PRAM 销售模式实施时应注意的事项：双赢式销售是一个连续的过程，只有起点没有终点。销售员要不断地按计划——关系——协议——维持进行循环。然而，许多销售员犯的最大错误就是，不是把销售过程看成是一个连续的活动过程，而是把它看成是一个个独立的、个别的过程。他们把自己与顾客的初次会面作为开始，而把达成协议后的握手作为终结。他们没有认识到销售必须要包括这四个步骤，要使下一个步骤成功，首先就必须使前一个步骤顺利进行；而且也不理解推销是连续的，更不理解在协议达成之后，自己的行动会给对方的行动带来多大的影响，从而也就不能够做到为下一次销售活动的进行奠定良好的基础。大多数推销员都抱着不愿输给对方的态度与顾客接触，其结果也就是不言而喻的。

社交类型销售模式

社交类型销售模式是一种风行欧美国家的销售模式，它成功地将销售过程和人际关系技巧融入一个实际而有效的系统中，使销售人员在各种销售情况下灵活应用，从而完成双方都满意的销售任务。该模式包括分析顾客的社交类型，识别顾客的需求，设计并实施销售交往模式。

以上常见的销售模式，销售人员应做到有所了解。我们尤其要强调的，是销售人员要做到 GEM 模式中的三个相信。其中，内驱自信是销售人员的首要品格条件。

关于销售的所有章节，我们基本介绍完毕。本篇从基层销售人员的工作、销售人员的基本条件和销售知识技能方面进行了全面的论述，并简单介绍了一些实用的销售理论和模式。

全面地掌握以上内容，可以说和仅仅凭着一腔勇气就闯入市场经济战场的业余销售，已经有了职业和业余的本质区别。做一个有章法的职业销售从业者，至少从这里开始。

而了解这些内容和有形的招式，还仅仅是会，最多做到熟悉。真正优秀的销售，是能够将所有的过程、步骤、对人对己的判断、计划组织实施和决断等融会贯通，进而达到无招胜有招的最高境界。

就销售工作而言，这些是"士兵"的基本要求。要想成为真正的将军，我们还要学会销售人才的选拔，团队的组建、培养、考核和激励等销售管理才能。

想成为优秀管理者请思考以下几个问题：

①您作为销售管理者，最关心的问题是什么？

②我们都知道，好的销售是有标准的，但是如果按照这个标准招聘不到销售怎么办？

③一个好的销售是否就能成为好的销售管理者？如果不是，需要具备什么条件？

④销售管理的基本工作有哪些？

后 记

这是一本关于销售、管理和组织齐心协力之道的书。

本人自1999年创立企业到现在已过了10多个年头，比较幸运的是，公司还在一直良性运营。但是却眼见身边的芸芸众企业，有一时大发者，有瞬间倒闭者，而众多的却一直处于随波逐流的小生意状态。中华全国工商联合会编写的《中国民营企业发展报告蓝皮书》中的统计数据说，中国的民营企业平均寿命2.9~3.5岁；也有调查说，中国的中小企业竞争力全球排名第一。

到底哪样说法正确，其实无足轻重，也并不矛盾。确实很多有想法、敢作为的年轻人，趁着改革开放，率先下海，挣得了第一桶金。创办的企业顺利地成长，转型成现代的民营企业或者上市公司。当然也有更多的绝大多数的有想法、敢作为的年轻下海者，不谙水性，呛水淹死无数，导致亏本关张，一将功成万骨枯。

究其所以，历史规律使然。我等20世纪70年代生人，已经渐渐开始进入历史舞台之中央，缘何在中国却只有80、90后之提法，改革开放之因也。

时至今日，中国改革开放30余年，市场经济20余年；中国企业之经营者，从佼佼如财富排行上榜者，到近 400 万的私营企业主，近 3000 万的个体经营者，可以说 90%～99% 都没有受过专业的商业教育。大部分人不知道机会成本、比较优势、边际效益等概念。对于管理，亦是处于边实践边学习的状态。因为我们从小受到的教育，是"学好数理化，走遍天下都不怕"。

所有的创业者，都是这个组织内驱力最强的人，都是最积极的人，都是学习型的人。因此，我想把这些年涉足商业经营、企业管理、金融投资等方面学习的知识和总结的经验，将我们研发的管理工具及其使用心得，分享给所有的经营者和管理者，希望能为中国社会之企业和经营者的成长尽上绵薄之力，还望读者闻之，思之，实践之，修正之，分享之，不胜荣幸。

本书力求成为此领域的经典之作！

您现在看到的是第二版，第一版在 2010 年完成，并未出版，只是作为内部教程，得到了业界好评。朋友云，好东西不能藏着窝着，要放到大众面前并经得住社会上广大实践者的检验才有价值。遂在出版社朋友的大力支持下，在第一版的基础上再作优化，愿能尽力为社会创造出最大价值。

事实上，任何知识、经验和科学的理论，我们都需定期地研究和更新，人类科技和认知的进步，让很多过去曾经的精华成为糟粕，也让很多过去不敢想的事情成为了现实。2013 年光棍节，新闻播出双十一购物节网上的销售额已经过了 240 亿。日销售额几百亿，甚至 1 分钟销售额过亿，不说 10 年，即便是 5 年前，恐怕很多人也是想都不敢想的事。但是现在因为科技的进步、互联网的应用以及大数据库建立和研究的发展而实现了。

从上一版到现在这 3 年时间里，微博、微信的广泛应用，大数据系统的建立、挖掘和应用，都大大地提高了生产力！未来的科技进步和人类经验的积累还将继续。涉及到营销模式、销售组织管理、技能以及工具的应用，也必将不断更新和更加成熟，消费者参与决策的模式，现在已经在很多领域应用开来，而知识和技能的创新、应用、传播和复制，则更需要授者和受者更多地反馈、交流和比较。作为读者的您，也许有很多有价值的想法，成功的经验，经典的案例，分享给所有其他的读者。我们热烈地欢迎您加入我们，那么也许在下一个版本的扉页上，我们将能见到您的尊姓大名。

未来的中国要持续强盛，需要更多的高智力密集型的组织，可以整合、优化和传播更多的知识技能，为社会创造更多更大的价值。我们很荣幸能够有机会与您一起为社会做出贡献。

谷荣欣

2014 年 4 月 1 日